AF297627

EXTRAIT

Du *Régistre des Délibérations du Département des Ardennes.*

Du 27 Octobre 1792, l'an premier de la République.

LA SÉANCE PUBLIQUE OUVERTE :

RAPPORT fait de la lettre du ministre des contributions & de celle du directeur général de la confection des assignats, toutes deux relatives à leur falsification, aux moyens de la reconnoître, aux mesures à prendre contre ceux qui pourroient arriver de l'étranger dans la République, & à l'invitation que contiennent particuliérement les lettres du ministre & du citoyen Delamarche, d'en assurer le succès en livrant à la réimpression tous les procès-verbaux contenant les signes caractéristiques auxquels cette falsification peut être reconnue & saisie.

Le Procureur-général-syndic entendu :

L'administration considérant 1°. que la falsification des assignats pourroit devenir dans les mains des

A

ennemis de la République une arme dangereufe à fa profpérité fi le zele & la vigilance des bons citoyens ne tendoient inceffamment à la rendre inutile.

2°. Que leurs efforts pour déconcerter les projets criminels des falfificateurs & déjouer leurs manœuvres, doivent être dirigés par l'étude des procès-verbaux imprimés & d'après l'examen le plus fcrupuleux de ceux des affignats fufpectés de faux.

3°. Que les exemplaires des procès-verbaux qui font jufqu'à préfent parvenus à l'adminiftration par les foins du citoyen adminiftrateur de la caiffe de l'extraordinaire, n'ont pas été fuffifamment multipliés pour qu'ils puiffent être dans la main des citoyens intéreffés à les connoître.

4°. Que la lettre du citoyen miniftre des contributions aux corps adminiftratifs préfente les vues les plus fages & l'expofition la plus intéreffante des motifs propres à provoquer le zele & la furveillance des citoyens, lorfqu'ils auront pu s'éclairer par une connoiffance plus particuliere des divers procès-verbaux.

5°. Que toute dépenfe qui a pour objet le falut de la République, l'intérêt des adminiftrés & la sûreté du commerce, tant intérieur qu'extérieur, eft juftifiée par d'auffi grandes caufes, & devient un devoir facré pour les adminiftrateurs.

ARRÊTE, 1°. que les procès-verbaux que la caiffe de l'extraordinaire a jufqu'à préfent tranfmis

à l'adminiſtration ſur la falſification des diverſes na-
tures d'aſſignats, ſeront réimprimés au nombre de
3500 exemplaires, & envoyés aux Diſtricts, qui
les tranſmettront aux Municipalités, & celles-ci aux
percepteurs des diverſes contributions, tant directes
qu'indirectes, & aux citoyens négocians qui ſeront
déſignés par les conſeils généraux des Communes,
& qui ſont invités de ſe charger officieuſement de
l'inſpection des aſſignats que leurs concitoyens vien-
droient ſoumettre à leur examen.

2°. Que les Municipalités & négocians qui ont
des correſpondans étrangers ſont invités de leur com-
muniquer les procès-verbaux ou les remarques qu'ils
auront faites pour parvenir à la reconnoiſſance de la
falſification des aſſignats, & les prémunir contre
ceux qu'ils pourroient recevoir, ſoit dans leur propre
pays, ſoit des autres lieux étrangers à la République
Françaiſe.

3°. Invite tous les négocians qui ont des correſ-
pondances au-dehors à n'admettre au paiement des
aſſignats venant de l'étranger, ſpécialement de Liege,
Bruxèlles, Manheim & Francfort, qu'après en avoir
comparé les formes, tant avec des aſſignats dont ils
auront reconnu la vérité, qu'avec les procès-verbaux
dont ils ſeront porteurs.

4°. ARRÊTE en outre que la lettre du miniſtre
des contributions publiques, & la préſente délibéra-
tion ſeront imprimées en tête des procès-verbaux,

publiées, lues dans les paroisses au premier prône qui
en suivra la réception, & qu'il en sera adressé des
exemplaires, tant au ministre des contributions publiques qu'à l'administrateur de la caisse de l'extraordinaire & au directeur général de la confection des
assignats.

Signé CHANZY ; TISSERON ; BOURGEOIS ;
GÉRARD ; DESSAULT ; HANOTIN ;
DEHAYE, Procureur-général-syndic, &
ROBERT, faisant les fonctions de secré-
taire pour l'absence du secrétaire-général.

---

*LETTRE du Ministre des Contributions
publiques.*

CITOYENS ADMINISTRATEURS,

*ENTRE les trahisons de toutes sortes auxquelles
nos ennemis ont recours, pour anéantir notre
glorieuse révolution, ils ne négligent ni les plus
lâches ni les plus perverses. Le fer & le feu ne
suffisant pas à leurs armées, ils sont descendus au
rang de contrefacteur d'assignats. On en fabrique,
à cet effet, dans leurs camps, du milieu desquels
ils cherchent à les faire passer dans la circulation,
par tous les moyens dont la perfidie & le crime
peuvent s'aviser.*

Que cette fauſſe monnoie, digne cortege d'une armée qui ne peut commettre que des aſſaſſinats, ne vous cauſe aucune inquiétude. Nos ennemis n'ont pas encore réuſſi à la répandre. La vigilance du Pouvoir exécutif déconcerte par-tout leurs tentatives : mais il faut que cette vigilance ſe propage. C'eſt principalement ſur les aſſignats qui arrivent de l'étranger, que vous devez porter votre attention, & notamment ſur ceux de 300 liv. & de 5 liv. Il vous a été envoyé des procès-verbaux propres à inſtruire tous les individus des ſignes caractériſtiques de falſification faciles à appercevoir. Multipliez ces procès-verbaux par la voie de l'impreſſion ; envoyez-en dans les Diſtricts, les Municipalités ; exhortez ſur-tout les commerçans par leur propre intérét, à livrer une guerre active à cette fauſſe monnoie ; qu'ils donnent à leurs correſpondans étrangers les moyens de la reconnoître. Les étrangers ne ſeront pas moins indignés que nous des pertes auxquelles leurs ſouverains ne craignent pas de les expoſer pour ſervir leur haine contre un peuple qui reſpecte les propriétés de ſes ennemis, & ne demande qu'à reſter libre & paiſible.

C'eſt principalement ſur les envois de Liege, de Bruxelles, de Manheim & de Francfort qu'il faut veiller avec le plus de ſollicitude. Je vous le répete, juſqu'à préſent aucun de ces envois n'a pu pénétrer ſans étre découvert & arrété ; & c'eſt uniquement pour multiplier les précautions de tout genre, que

j'ai cru devoir vous donner cet avis. Je le recom-
mande à votre zele pour le bien des administrés, à
votre amour pour la prospérité de la République,
& au grand intérêt que nous avons tous de décon-
certer les projets de nos ennemis.

Le ministre des contributions publiques.

CLAVIERE.

PROCÈS-VERBAUX

Des signes caractéristiques auxquels on peut
reconnoître la falsification des Assignats.

2,000 liv.

L'AN mil sept cent quatre-vingt-douze, le premier
Mars, Nous, commissaire du roi, administrateur
de la caisse de l'extraordinaire, après avoir réuni
MM. *le Couteulx*, trésorier de la caisse de l'extraordinaire ; *Ferrier*, directeur de la fabrication des
assignats ; *Gatteaux*, graveur ; *Pierre Didot*, imprimeur, & *Firmin Didot*, fondeur en caracteres
d'imprimerie, à l'effet de vérifier & constater les

marques caractéristiques de falfification d'affignats de deux mille livres qui viennent de paroître ; après avoir rapproché & comparé entr'eux un faux affignat & un vrai , nous avons reconnu ,

Que dans la partie fupérieure , le filet perpendiculaire qui fépare les lettres de la vignette , eft éloigné des lettres de près de deux lignes de plus dans les faux que dans les vrais.

Que dans la ligne d'en haut du faux affignat , dans les mots ASSIGNAT DE LA CRÉATION , &c. inférés entre les filets qui font entre les vignettes , la lettre L de l'article LA eft jointe à la lettre A par en bas , de maniere que ces deux lettres ne paroiffent en faire qu'une feule , au lieu que dans les vrais affignats ces deux lettres font féparées.

Que dans la ligne quatrieme , commençant par ces mots : *par le décret* , la lettre *l* de l'article *le* eft traverfée par en haut des deux côtés , ainfi que par en bas , ce qui lui donne la forme d'un *I* capital.

Que dans la même ligne , le dernier jambage fin de la lettre initiale N du mot NATIONALE , au lieu d'être perpendiculaire , eft tout-à-fait incliné.

Que dans le même mot NATIONALE , la lettre L eft beaucoup plus large que la lettre E qui fuit , & que le trait horifontal de cette L eft plein au lieu d'être délié.

Que la lettre E qui termine le mot NATIONALF , eft tout de travers.

Que dans la cinquieme ligne , commençant par

le mot *des*, la lettre *d* eſt de travers, & touche preſque à l'*e*.

Que dans le milléſime 1790, le rond du chiffre 9 eſt exceſſivement petit par rapport au zéro.

Que la virgule qui ſuit le milléſime eſt extrême-ment groſſe & lourde.

Que dans la ligne qui contient les mots aſſignats de *Deux mille Livres*, la lettre *D* du mot *Deux* eſt plus élevée que les lettres *e* & *u* qui ſuivent.

Que dans la même ligne, dans la lettre *M* du mot *Mille*, la pointe qui forme le *v* dans le milieu de cette lettre, dépaſſe les autres jambages.

Que dans la ligne commençant par ces mots : *Il ſera payé au porteur*, les mots *au porteur* ſont plus gros que le mot *ſomme* qui ſuit.

Que la lettre *i* du mot *Caiſſe* eſt traverſée par le haut des deux côtés.

Que dans la même ligne la lettre *U* du mot *deux* eſt très-reſſerrée par le bas.

Que dans la même ligne, la lettre I renfermée dans les ſyllabes EXTRAORDI-, eſt de même tra-verſée par le haut des deux côtés, tandis que dans les vrais aſſignats, le premier empâtement ou trait du haut, ne va que juſqu'au plein & ne l'outrepaſſe pas.

Que dans la même ligne, les lettres D & I des ſyllables EXTRAORDI-, ſe touchent & ſe confon-dent par les empatemens ou traits d'en bas.

Que dans la même ligne, au mot *Conformément*, la première *n* eſt très-ouverte du bas.

Que dans le même mot, la lettre *e* qui fe trouve dans la fyllable *ment*, fe termine par une queue qui remonte jufqu'à la tête de la lettte & la touche.

Que les cinq dernieres lettres du mot *conformé-ment*, font plus fortes que les premieres du mot.

Que l'intervalle du bas de l'affignat, compofé de deux filets placés entre les vignettes, & dans lequel on lit les mots DEUX MILLE LIVRES, imprimés en petites capitales, eft plus grand de près de deux lignes que celui des vrais affignats, dans lefquels l'intervalle dont on parle n'a pas tout-à-fait 15 lignes de longueur (1).

Que l'écuffon qui porte l'effigie du roi eft plutôt ovale que rond.

Que l'effigie du roi, renfermée dans l'écuffon, n'a point de reffemblance, & que la tête eft trop allongée.

Que les pointes de la fleur de lys du côté droit & de celle du bas, portent fur la même taille ou ligne, tandis que celle du milieu devroit dépaffer.

Que dans le timbre long du bas, portant les mots *Deux Mille*, les caracteres des lettres font très-maigres.

---

(1) On peut s'attacher particuliérement à cette remarque, parce qu'à l'aide de la dimenfion donnée de l'intervalle qui fe trouve dans les vrais affignats, il n'eft perfonne qui, fans autre objet de comparaifon, avec un pied-de-roi feul, ne puiffe diftinguer la différence dont il eft queftion.

(10)

Que dans le timbre long vis-à-vis, portant 2,000 livres en chiffres arabes, les chiffres font extrêmement maigres.

Que le timbre fec & la gravure font très - mal exécutés, &c.

De tout quoi nous avons dreffé procès - verbal, pour être par nous commiffaire du roi, adminiftrateur de la caiffe de l'extraordinaire, adreffé à tous les corps adminiftratifs, tribunaux, juges de paix & autres officiers de police de sûreté, conformément à la loi du 27 Février 1792. Et ont figné avec nous, les dénommés au préfent procès-verbal, les jour & an que deffus.

LE COUTEULX; GATTEAUX; P. DIDOT *l'aîné*; FIRMIN DIDOT; FERRIER; AMELOT.

ASSIGNAT DE 500 ^{liv.}

L'AN mil fept cent quatre-vingt-douze, l'an quatrieme de la liberté, le premier Mars, Nous commiffaire du roi, adminiftrateur de la caiffe de l'extraordinaire, après avoir réuni MM. *le Couteulx*, tréforier de la caiffe de l'extraordinaire ; *Ferrier*, directeur de la fabrication des affignats; *Gatteaux*, graveur; *Pierre Didot*, imprimeur, & *Firmin Didot*, fondeur en caracteres d'imprimerie, à l'effet de vérifier & conftater les marques caractériftiques d'un affignat de cinq cents livres , fous la férie *C* , portant , pour indication de création , la date du 29 Septembre 1790 ; après avoir rapproché & comparé cet affignat faux d'un vrai de la même valeur , nous avons reconnu que cet affignat a été fait avec la même planche que celui de deux mille livres , dont nous avons dreffé procès-verbal le premierMars1792.

Que les mêmes fautes fubfiftent dans l'un & l'autre ; que la même planche a fervi à la fabrication des deux efpeces , à l'exception qu'on a changé la défignation des fommes , & que ce qui eft écrit dans l'affignat de deux mille livres en lettres rouges , eft écrit en lettres noires dans celui de cinq cents.

Nous avons , de plus , reconnu que la premiere ligne inférée dans la bordure fupérieure , formée de 2 filetsentre les vignettes , la lettre É du mot CRÉATION & la lettre A qui la fuit , fe touchent prefque.Que dans la même ligne , la lettre E qui eft au milieu du mot SEPTEMBRE , ne·reffemble point aux deux autres.

Que dans la feconde ligne formée du mot DO-MAINES , la lettre A n'eft point alignée avec les autres lettres fleuronnées.

Que dans la troifieme ligne formée du mot NA-TIONAUX ; la lettre O n'eft point alignée avec les autres lettres du mot.

Que dans le mot *rembourfement* inféré dans la quatrieme ligne , les quatre premieres lettres font féparées des autres.

- Que dans la cinquieme ligne , les deux *l* initiales

des mots *le* & *l'Assemblée*, font coupées par des empatemens ou traits tranfverfaux qui les rendent femblables à des *I* de grandes capitales.

Que dans la fixieme ligne commençant par le mot *des*, la lettre *d* initiale du mot *des*, un empatement tranfverfal qui n'exifle point dans les vrais.

Que dans la feptieme ligne du milieu, formée des mots ASSIGNATS *de cinq cents liv.*, les trois lettres *liv.*, mifes par abréviation, vont en defcendant.

Que la fignature *Haurat* eft faite à la griffe.

Que les deux timbres long du bas, portant les mots *cinq cents* en toutes lettres, & 500 en chiffres arabes, font à une diflance de 16 lignes, au lieu d'être à celle de 21, comme ils font dans les vrais.

Que le timbre fec eft évidemment mal exécuté.

Qu'au total, ces affignats mal exécutés & tout maculés, ont 7 pouces moins une ligne de largeur, tandis que les vrais portent 7 pouces une ligne; qu'ils ont cinq pouces moins une ligne de hauteur, au lieu que les vrais portent cinq pouces jufte.

De tout quoi nous avons dreffé procès – verbal, pour être par Nous, Commiffaire du Roi, Admi- niflrateur de la Caiffe de l'extraordinaire, adreffé à tous les Corps adminiflratifs, Tribunaux, Juges de Paix & autres Officiers de Police de fûreté, conformément à la loi du 27 Février 1792. Et ont figné avec nous, les dénommés au préfent procès-verbal, les jour & an que deffus.

LE COUTEULX, GATTEAUX, PIERRE DIDOT *l'aîné*, FIRMIN DIDOT, FERRIER, AMELOT.

ASSIGNAT DE 500 ^{liv.}

L'AN mil sept cent quatre-vingt-douze, l'an 4e. de la Liberté, le premier Mars, Nous, Commissaire du Roi, Adminiftrateur de la Caiffe de l'Extraordinaire, après avoir réuni MM. le Couteulx, tréforier de la Caiffe de l'Extraordinaire; Ferrier, directeur de la fabrication des Affignats ; Gatteaux, graveur ; Pierre Didot, Imprimeur ; & Firmin Didot, fondeur de caracteres d'imprimerie, à l'effet de vérifier & conftater les marques caractériftiques de falfification d'Affignats de 500 livres férie 2 G, portant pour indication, CRÉATION DU 19 JUIN 1791.

Après avoir rapproché & comparé l'Affignat faux, d'un vrai de même valeur, nous avons reconnu que le papier de l'Affignat faux eft d'une couleur grife.

Que dans la premiere ligne renfermée dans la partie fupérieure, entre les deux filets, les lettres compofant les mots ASSIGNAT DE LA CRÉATION DU 19 JUIN 1791, qui fe trouvent répétées, ne fe reffemblent point entre elles ; qu'elles font de grandeur inégale, & en général mal faites, point alignées, ce qui fe remarque fur-tout dans le mot ASSIGNAT, & dans le lettres A & I du même mot qui font hors de proportion avec toutes les autres; que dans la quatrieme ligne, au mot *rembourfement*, outre la différence qui exifte dans la plus grande partie des lettres qui compofent le mot, la lettre *o* eft beaucoup plus petite que les autres lettres du mot, & que la feconde *m* eft beaucoup plus grande.

Que dans la cinquieme ligne, commençant par les mots *par le décret*, les trois lettres du mot *par* vont en defcendant.

Que la boucle de la lettre *r* eft maigre.

Que les lettres qui compofent les mots renfer-més dans cette ligne, font en général mal alignées.

Que dans la fixieme ligne commençant par le mot *des*, la lettre *e* du premier mot *des* eft infi-niment plus grande que la lettre *e* de la conjonction *et* qui fe trouve placée entre les dates 16 *et* 17.

Que le mot *fanctionné*, qui fe trouve dans la même ligne eft rompu, & que les lettres font mal alignées.

Que dans la ligne commençant par les mots *Il fera payé au porteur*, les lettres font générale-ment mal alignées, inégales & diffemblables.

Que dans la ligne fuivante, commençant par les fyllabes *Naire*, les chiffres 9 ne fe reflemblent point.

Que celui de la date 29 eft plus petit que tous les autres, & celui du milléfime 1790 eft évidem-ment plus grand.

Que dans le timbre long du bas, portant les mots *cinq cents*, les lettres *q* & *e* font évidemment plus grandes que les autres.

Que le timbre fec eft embrouillé.

Que dans l'effigie du roi, les caracteres de la figure different de ceux qui fe trouvent dans les vrais Affignats ; qu'on remarque fur-tout que le nez fe termine par un arrondiffement, tandis que dans les vrais il fe termine par un pointu.

De tout quoi nous avons dreffé procès-verbal, pour être par Nous, Commiffai e du Roi, Adminiftrateur de la Caiffe de l'Extraordinaire, adreffé à tous les Corps adminiftratifs, Tribunaux, Juges de Paix & autres Officiers de Police de fûreté, conformément à la loi du 27 Février 1792. Et ont figné avec nous les dénommés au préfent Procès-verbal, les jour & an que deffus.

L E C O U T E U L X , G A T T E A U X , P I E R R E D I D O T *l'aîné* , F I R M I N   D I D O T , F E R R I E R , A M E L O T.

A S S I G N A T   D E   200 liv.

L'AN mil fept cent quatre-vingt-douze, l'an 4e. de la Liberté, le premier Mars, Nous Commiffaire du Roi, Adminiftrateur de la Caiffe de l'Extraordinaire , après avoir réuni MM. le Couteulx, tréforier de la Caiffe de l'Extraordinaire; Ferrier, directeur de la fabrication des Affignats ; Gatteaux, graveur ; Pierre Didot, imprimeur, & Firmin Didot, fondeur en caracteres d'imprimerie , à l'effet de vérifier & conftater les marques caractériftiques de falfification d'Affignats de deux cents livres, portant indication de création les 19 & 21 Décembre 1789, 16 & 17 Avril 1790, fous la férie G, & portant le N°. 150.

Après avoir rapproché & comparé l'Affignat faux, d'un vrai de même valeur, nous avons reconnu que dans la feconde ligne de l'Affignat faux, qui commence par ces mots *Hypothéqués au rembourfement des*, *&c.*, la lettre *d* de l'article *des*, eft beaucoup trop forte.

Que dans la même ligne, la lettre *d* qui commence le mot *décrétés*, eft évidemment plus petite que le *d* du mot *des* qui eft antérieur.

Que le *c* du mot *décrétés*, eft plus fort que les autres lettres du mot.

Que dans la même ligne, la double *ff* du mot *Affemblée*, eft plus ferrée que celle qui eft dans les vrais.

Que cette double *ff* dépaffe dans les faux la petite capitale *A* qui la précede, tandis que dans les vrais elle eft de la même hauteur.

Que dans la ligne du milieu, féparée par l'effigie du Roi, portant ces mots ASSIGNATS DE *deux cents livres*, en groffes lettres, la lettre *e* du mot *cent* eft plus petite que la lettre *n* qui fuit, & que le fecond jambage de cette lettre eft plus grand que le premier.

Que la boucle de la lettre *l* dans les trois lettres

liv.

liv. qui terminent la ligne du milieu, eſt ſerrée & étroite, ce qui fait que le point de la lettre *i* qui ſuit eſt très-éloigné, tandis que dans les vrais, la boucle de la lettre *l* eſt très-ouverte, & met, par conféquent, le point de la lettre *i* qui ſuit, à une diſtance convenable.

Que cet Aſſignat eſt gravé en taille douce dans tout ſon contenu, même les ſignatures.

Que la ſignature, au lieu de porter *Larrivée*, eſt écrite *Larriveille*.

De tout quoi nous avons dreſſé Procès-verbal, pour être, par nous Commiſſaire du Roi, Adminiſtrateur de la Caiſſe de l'Extraordinaire, adreſſé à tous les Corps Adminiſtratifs, Tribunaux, Juges de Paix & autres Officiers de Police de ſûreté, conformément à la loi du 27 Février 1792. Et ont ſigné avec nous les dénommés au préſent Procès-verbal, les jour & an que deſſus.

LE COUTEULX, GATTEAUX, PIERRE DIDOT *l'aîné*, FIRMIN DIDOT, FERRIER, AMELOT.

ASSIGNAT DE 200 liv.

L'AN mil ſept cent quatre-vingt-douze, l'an 4e. de la Liberté, le premier Mars, Nous Commiſſaire du Roi, Adminiſtrateur de la Caiſſe de l'Extraordinaire, après avoir réuni MM. le Couteulx, tréſorier de la Caiſſe de l'Extraordinaire ; Ferrier, directeur de la fabrication des Aſſignats ; Gatteaux, graveur ; Pierre

B

Didot, imprimeur, & Firmin Didot, fondeur en caracteres d'imprimerie, à l'effet de vérifier & conſtater les marques caractériſtiques d'un aſſignat de deux cents livres, portant pour indication de création les dates des 19 & 21 Décembre 1789, 16 & 17 Avril 1790, ſous la ſérie *H ;* après avoir comparé & rapproché cet aſſignat faux avec un vrai, nous avons reconnu que tout ce qui eſt écrit dans le faux, en lettres italiques, eſt en général d'un caractere plus petit que dans les vrais.

Que dans la troiſieme ligne, au mot *Décembre,* la lettre *D* touche la lettre *é,*

Que dans la même ligne, le mot *Sanctionné* eſt très-petit.

· Que dans la ſeconde ligne, au-deſſous de l'effigie du Roi, dans les mots *à la,* la lettre *à* marquée d'un accent grave, qui précede l'article *la,* eſt très-petite.

Que dans l'article *la,* la lettre *l* eſt très-éloignée de la lettre *a.*

Que dans la même ligne, le mot *conformément* eſt fort petit.

Et qu'en général, les lettres, la gravure, les timbres ſont très-mal exécutés.

De tout quoi nous avons dreſſé procès-verbal, pour être, par Nous, Commiſſaire du Roi, Adminiſtrateur de la Caiſſe de l'Extraordinaire, adreſſé à tous les Corps Adminiſtratifs, Tribunaux, Juges de paix, & autres Officiers de Police de ſûreté, conformément a la loi du 27 Février 1792. Et ont signé avec nous les dénommés au présent Procès-verbal, les jour & an que dessus.

LE COUTEULX, GATTEAUX, PIERRE DIDOT *l'aîné*, FIRMIN DIDOT, FERRIER, AMELOT.

ASSIGNAT DE 200 liv.

L'AN mil sept cent quatre-vingt-douze, l'an 4e. de la Liberté, le onze Janvier,

Nous Commissaire du Roi, Administrateur de la Caisse de l'Extraordinaire, après avoir réuni MM. le Couteulx, trésorier de la Caisse de l'Extraordinaire ; Ferrier, directeur de la fabrication des Assignats; Gatteaux, graveur; Pierre Didot, imprimeur, & Firmin Didot, fondeur en caractères d'imprimerie, à l'effet de vérifier et constater les marques caractéristiques de falsification d'un Assignat de deux cents livres, portant pour indication de création les dates des 19 & 21 Décembre 1789, 16 & 17 Avril 1790, sous la série *J*; après avoir rapproché & comparé cet Assignat faux avec un vrai, nous avons reconnu que dans le mot *Hipothéqués* qui commence la seconde ligne, la lettre *o* est éloignée du *t* qui la suit, & qu'elle ne l'est pas dans les vrais.

Que dans la même ligne, au mot *décrétés*, les

lettres *d* & *é* se touchent presque, & que le mot est tout-à-fait de travers.

Que dans la même ligne, au mot *Assemblée*, la lettre *l* qui se trouve dans ce mot, est beaucoup trop près de la lettre *é* qui la suit.

Que dans la seconde ligne, au dessous de l'effigie du Roi, le mot *conformément* qui y est renfermé, est beaucoup plus petit que dans les vrais.

Qu'en général, les caracteres sont extrêmement maigres ; que ces caracteres & la gravure sont fort mal exécutés.

Que l'effigie du Roi est très-grossiérement imitée, ainsi que toutes les parties de cette gravure ; que les lettres de la légende sont grossiérement tracées, tandis que dans les vrais elle est nette & légere.

De tout quoi nous avons dressé le présent procès-verbal, pour être, par Nous, Commissaire du Roi, Administrateur de la Caisse de l'Extraordinaire, adressé à tous les Corps Administratifs, Tribunaux, Juges de paix & autres Officiers de police de sûreté, conformément à la loi du 27 Février 1792. Et ont signé avec nous les dénommés ci-dessus, les jour & an que dessus.

LE COUTEULX, GATTEAUX, PIERRE DIDOT *l'aîné*, FIRMIN DIDOT, FERRIER, AMELOT.

ASSIGNAT DE 500 liv.

L'AN mil sept cent quatre-vingt-onze, le vingt-six Décembre, à une heure après-midi, Nous Commissaire du Roi, Administrateur de la Caisse de l'Extra-ordinaire, après avoir réuni MM. le Couteulx, trésorier de la Caisse de l'Extraordinaire, Ferrier, Directeur de la fabrication des Assignats, Gatteaux, graveur, & Didot, imprimeur, à l'effet de vérifier & constater les marques caractéristiques de falsification d'Assignats de cinq cents livres qui viennent de paroître ; après avoir rapproché & comparé un assignat faux d'un vrai, nous avons reconnu que dans le faux assignat, les mots *Assignat de la création du dix - neuf Juin* 1791 , insérés dans la bordure pour désigner la date de la création, sont plus gros que dans les vrais Assignats.

Que sur-tout la lettre *n*, du mot *création* , commence par une pointe fine, au lieu de commencer par un trait transversal.

Que cette lettre *n* diffère en cela de celles renfermées aux mots *Assignat* & *Juin*.

Que les *u* des mots *du* & *Juin*, au lieu de commencer par un plein & de finir par un délié, commencent par un délié & finissent par un plein.

Que le *point* qui est après le millésime 1791 , n'aligne pas le bas du chiffre.

Qu'au mot *Domaines* dont les lettres sont fleu-

ronnées, la pointe du milieu de la lettre *m* ne defcend pas jufqu'au bas de la lettre.

Que dans le mot *nationaux* la fin de la lettre *n*
fe termine par un blanc ; au lieu de fe terminer
par un noir.

Que dans la troifieme ligne, au mot *Rembourfement*, les lettres *B* & *O* font plus petites que les
autres lettres.

Que dans la même ligne, la lettre *A* du mot
Affignats, imprimé en petites capitales, eft très-
grande.

Que dans la ligne fuivante, au mot *Décret*,
l'accent aigu de l'*é* touche à la lettre, tandis qu'il
doit y avoir une diftance.

Que dans la même ligne la pointe de la lettre *m*
du mot *Affemblee*, imprimé en petite capitales,
ne defcend point jufqu'au bas.

Que dans le même mot *Affemblée*, le premier
des deux *é* eft plus haut & plus étroit que le dernier.

Que dans la ligne fuivante le mot *des* qui la
commence, avant les dates 16 & 17 Avril, les
trois lettres du mot *des* vont en augmentant au
lieu d'être égales.

Que dans la même ligne, au mot *Sanctionné*
en lettres italiques, le *c* eft trop fort, & que des
deux lettres *n* qui terminent le mot, la premiere
eft plus petite que la feconde.

Qu'aux mots *Affignat de cinq cents livres*, dans
la lettre *A* du mot *Affignat* qui porte la Loi &

le Roi, le premier jambage eſt plus court que le ſecond.

Que dans la ligne ſuivante, commençant par ces mots : *Il ſera payé*, &c. les deux lettres *L* des deux articles *La* qui s'y rencontrent en lettres italiques, ſont plus baſſes que les *a*, & que l'*a* du premier article eſt plus petit que celui du ſecond.

Que dans la même ligne le mot *Porteur* eſt d'un caractere plus grand que les autres mots de la même ligne, imprimés de même en lettres italiques.

Que dans le mot coupé *Extraordinaire*, qui termine cette même ligne, l'*E* capital eſt très-étroit, l'*x* beaucoup plus grande que les autres lettres, & le *d* petit.

Que dans ce même mot coupé *Extraordinaire*, les ſyllabes *Extraordi-* vont en diminuant, & que les ſyllabes finales *-naire* ne ſont point d'accord.

'Que dans la ligne ſuivante, dans le mot *Conformément*, l'accent de l'*é* eſt grave au lieu d'être aigu.

Que dans le mot *aux* qui ſuit celui *conformément*, l'*u* eſt plus incliné & plus étroit que les deux autres lettres.

Que dans la même ligne, dans le mot *Décrets*, l'accent aigu eſt très-gros, & que la tête de la lettre *r* n'eſt formée que par un point au lieu de ſe lier par un délié.

Qu'au mot *Septembre*, toujours dans la même ligne, la lettre *p* eſt trop groſſe.

Qu'au mot *Juin*, toujours dans la même ligne, l'*u* est grand & l'*n* petite.

Que dans le milléfime *2792* qui termine la ligne en suivant le mot *Juin*, le chiffre 7 est plus élevé que celui 9.

Que dans la lettre *N* qui indique le numéro, le premier jambage defcend plus bas que le fecond.

Que dans l'écuffon qui porte l'effigie du Roi , la chûte de la chevelure est terminée par un cercle fans interruption, au lieu que les cheveux en tombant interrompent par un blanc le fond de la gravure , & forment une échancrure dans les vrais Affignats.

Au furplus , qu'en général les caracteres des faux Affignats n'ont ni l'ordre , ni la pureté de ceux des vrais ; que plufieurs même font d'une plus grande dimenfion, tels que ceux qui forment la défignation de la création, inférés dans la bordure , & ceux de *cinq cents livres* qui font compris dans la ligne commençant par ces mots : *Il fera payé* , &c.

De tout quoi Nous avons dreffé le préfent procèsverbal, pour être adreffé & communiqué par-tout où befoin fera. Et ont figné avec Nous , les dénommés ci-deffus , les jour & an que deffus.

PIERRE DIDOT l'aîné, GATTEAUX, FERRIER, LE COUTEULX & AMELOT.

NOTA. Quelques particuliers ont cherché à contrefaire les Affignats de *Cinq cents liv.* à la main , mais ils font fi groffiérement faits, que l'œil le moins exercé ne peut pas s'y méprendre : chaque Affignat étant varié dans fa contexture , il est impoffible d'indiquer les fignes de faux.

ASSIGNAT DE 300 liv.

L'AN mil sept cent quatre-vingt-douze, quatrieme de la Liberté, vingt-six Juillet, Nous, Commissaire du Roi, Administrateur de la Caisse de l'Extraordinaire, après avoir réuni MM. le Couteulx, Trésorier de la Caisse de l'Extraordinaire ; Ferrier, Directeur de la fabrication des Assignats ; Gatteaux, Graveur ; Pierre Didot, Imprimeur ; & Firmin Didot, Fondeur en caracteres d'imprimerie, à l'effet de vérifier & constater les marques caractéristiques de falsification d'Assignats de 300 l., de la création des 19 Juin & 12 Septembre 1791, qui viennent de paraître ; Après avoir rapproché & comparé entre eux un faux & un vrai de même valeur & même création, Nous avons reconnu ;

Que dans la ligne insérée entre les deux filets de la partie supérieure, portant les mots ASSIGNAT DE LA CRÉATION DES 19 JUIN ET 12 SEP-TEMBRE 1791, les chiffres 7 & 9 du milléfime 1791, débordent par en haut les chiffres 1 qui s'y rencontrent ; & en outre que la queue du chiffre 7 dépasse beaucoup par en bas celle du 9.

Que dans la premiere ligne, DOMAINES NATIONAUX, en lettres fleuronnées, la lettre U, qui se trouve dans le mot NATIONAUX, est plus petite que les lettres A & X au milieu desquelles elle est placée ; & qu'en outre la lettre

X eft trop grande , ce qui rend la derniere fyllabe NAUX point allignée.

Que dans la ligne fuivante , commençant par le mot *Hipothéqués* , la lettre *t* de ce mot *Hipothéqués* defcend plus bas que les lettres *o* & *h* au milieu defquel'es elles fe trouve , & que le *t* fe termine par un plein au lieu d'être délié.

Que dans la même ligne , dans le mot *Décret*, l'*é* aigu qui s'y rencontre eft plus petit que la lettre *c* qui le fuit , & que cette lettre *c* fe rapproche d'un *C* capital.

Que dans la ligne du milieu , compofée des mots : ASSIGNAT DE TROIS CENTS liv. , les mots TROIS CENTS font très-mauvais ; qu'on le remarque fur-tout par les *deux* SS qui s'y trouvent , qui ne fe reffemblent point entre elles , fur-tout par la tête.

Que dans la ligne fuivante , commençant par ces mots : *Il fera payé* , &c. les mots *Trois cents livres* qui y font contenus font très-mauvais ; que les *i* qui fe trouvent dans les mots *trois* & *livres* font furmontés & terminés par des empâtemens très-allongés , fur-tout ceux du bas , ce qui n'existe pas dans les vrais.

Que ces mots *Trois* & *Cents* ne font prefque point féparés ; ce qui leur donne l'air de ne former qu'un feul mot , tandis que dans les vrais , ces deux mots font diftincts & féparés.

Que la lettre *o* qui fe trouve dans le mot *Trois* ,

eſt plus groſſe que les autres lettres du mot.

Que dans la partie inférieure de l'Aſſignat, dans les mots TROIS CENTS liv. renfermés entre les deux petites rayes perpendiculaires., on remarque que dans la lettre N du mot CENTS, l'empâtement qui doit ſe trouver ſur le premier jambage de la lettre, ſe trouve au contraire en bas, à la terminaiſon de la lettre.

Qu'au ſurplus, ces trois mots ſont très-mal imprimés.

Que dans l'effigie du Roi, qui ſe trouve au milieu de l'Aſſignat, le profil eſt mal exécuté ; que ſur-tout le double menton n'y eſt point marqué comme il l'eſt dans les vrais.

Que la chevelure s'éloigne de la nature ; que les traits qui la compoſent ſont beaucoup trop marqués, principalement à la racine.

Que dans les faux Aſſignats, les deux timbres du bas, portant *Trois cents* en toutes lettres, & 300 en chiffres arabes, ſont moins hauts que ceux des vrais.

Que dans celui qui porte 300 en chiffres arabes, le petit écuſſon à droite, qui encadre les fleurs-de-lys, & qui eſt formé de perles, n'eſt point rond, que les perles en ſont plus maigres & plus détachées que dans les vrais.

Que les fleurs-de-lys renfermées dans le petit écuſſon ſont plus maigres, plus quarrées, & n'offrent point la forme de loſange, comme dans les vrais.

Que l'Affignat en général porte une ligne de moins dans fa hauteur & fa largeur, que les vrais.

De tout quoi, Nous avons dreffé le préfent procès-verbal pour être, par Nous, Commiffaire du Roi, Adminiftrateur de la Caiffe de l'Extraordinaire, adreffé à tous les Corps adminiftratifs, Tribunaux, Juges de paix, & autres Officiers de Police de fûreté, conformément à la Loi du 27 Février 1792. Et ont figné avec Nous, les dénommés ci-deffus, les jour, mois & an que deffus.

Signé FIRMIM DIDOT, P. DIDOT l'aîné, GATTEAUX, LE COUTEULX, FERRIER & AMELOT.

ASSIGNAT DE 200 [liv.]

L'AN mil fept cent quatre-vingt-douze, quatrieme de la Liberté, le vingt-fix Juillet, Nous, Commiffaire du Roi, Adminiftrateur de la Caiffe de l'Extraordinaire, après avoir réuni MM. le Couteulx, Tréforier de la Caiffe de l'Extraordinaire; Ferrier, Directeur de la fabrication des Affignats; Gatteaux, graveur; Pierre Didot, imprimeur; & Firmin Didot, fondeur en caracteres d'imprimerie, à l'effet de vérifier & conftater les marques caractériftiques de falſification d'Aſſignats de 200 liv. qui viennent de paraître ; après avoir rapproché & comparé un faux Aſſignat & un vrai, Nous avons reconnu :

Que dans la partie ſupérieure, dans la ligne placée entre les filets portant ces mots : ASSIGNAT DE LA CRÉATION DES 19 JUIN ET 12 SEPTEMBRE 1791 , la lettre U du mot JUIN eſt fort large.

Que dans la ligne ſuivante , portant les mots : DOMAINES NATIONAUX, en lettres fleuronnées, les lettres A qui ſe rencontrent dans ces mots n'ont point au coup d'œil, l'air d'être proportionnées avec les autres lettres qui les accompagnent.

Que dans la lettre X, finale du mot NATIONAUX, le petit loſange , au lieu de ſe trouver, comme dans les vrais, juſte au milieu de la croiſure des deux jambages de la lettre , eſt placé, dans les faux, au deſſus du ſecond jambage délié.

Que dans la ligne ſuivante, commençant par les mots *Hypothéqués au remboursement* , *&c.* la lettre *t* du mot *remboursement* ſurpaſſe de beaucoup les autres lettres du mot , ce qui lui donne la forme & l'apparence d'une petite *l* barrée.

Que cette forme ſe fait ſentir ſur-tout dans la lettre *t* finale du mot *Décret* , contenu dans la même ligne.

Que dans la même ligne, les lettres qui compoſent le mot ASSEMBLÉE, principalement l'M & le B ſont très-mal faites, & ont l'air écraſées.

Que dans la ligne fuivante , commençant par *des 16 & 17 Avril* , les lettres *n* du mot *fanctionné* qui s'y rencontre font extrêmement larges.

Que dans la même ligne , la lettre *r* du mot *par* qui fuit , eft terminée par en bas , par un empâtement , ce qui n'exifte pas dans les vrais.

Que dans la ligne du milieu , contenant les mots ASSIGNAT DE DEUX CENTS liv. les deux SS du mot ASSIGNAT ne fe reffemblent pas , & que la feconde eft plus portée en avant par le haut du côté de l'I , que la premiere.

Que dans la ligne fuivante , commençant par les mots *Il fera payé*, *&c.* la lettre *l* du mot *la* qui précede le mot *Caiffe* , defcend beaucoup par en bas.

Que dans le mot *Caiffe* , la lettre *i* qui y eft contenue , eft furmontée d'un empâtement qui fe prolonge des deux côtés ; tandis qu'il ne doit être mis que d'un feul côté.

Que dans la ligne fuivante , commençant par le mot *conformément* , la lettre *m* du mot *Septembre* qui fe trouve dans cette ligne , eft très-large , & que la lettre *r* qui fe trouve dans le même mot , eft terminée par un empâtement , tandis qu'elle ne doit pas en avoir.

Que dans la partie inférieure de l'Affignat , dans les mots DEUX CENTS LIVRES renfermés entre les deux petits traits perpendiculaires , on remarque que la lettre U qui fe trouve dans le mot DEUX , eſt totalement fermée par les empâtemens du haut. Que la lettre L du mot LIVRES eſt large & point proportionnée.

Que l'effigie du Roi eſt très-mal exécutée ; qu'on remarque notamment dans la chevelure , que les tailles ou traits font en plus petit nombre & plus épais que dans les vrais ; qu'il en eſt de même de l'habillement.

Que dans l'exergue , portant ces mots : LOUIS XVI , ROI DES FRANÇAIS , imprimés autour de l'effigie du Roi, on remarque qu'il n'y a point de cédille fous la lettre C, ce qui n'exiſte pas dans les vrais.

Que dans le timbre du bas , portant les mots *Deux cents* en toutes lettres, on remarque que le mot GATTEAUX eſt beaucoup plus large que celui qui fe trouve dans les vrais.

Que dans le timbre parallele , portant 200 en chiffres arabes , on remarque que les perles qui forment l'encadrement , font beaucoup plus petites & plus féparées que celles qui forment un pareil encadrement dans les vrais.

Que les filets qui forment l'encadrement du corps de l'Aſſignat , font réunis par les angles , au lieu d'être féparés , comme ils le font dans les vrais.

Que dans le timbre fec , le petit cartouche qui eſt au-deſſus de l'écuſſon qui renferme les mots *la Loi & le Roi* , ces mots *la Loi & le Roi* font gravés en relief au lieu de l'être en creux, comme ils le font dans les vrais.

Que l'Affignat faux eft prefque d'une ligne plus court que les vrais en largeur, & d'une demi-ligne fur la hauteur.

Qu'au furplus, l'Affignat eft gravé en taille-douce, que l'impreffion y eft très-mal faite, & que les lettres ne fe reffemblent point les unes avec les autres.

De tout quoi nous avons dreffé procès – verbal, pour être par Nous, Commiffaire du Roi, Adminiftrateur de la Caiffe de l'extraordinaire, adreffé à tous les Corps adminiftratifs, Tribunaux, Juges de Paix & autres Officiers de Police de fûreté, conformément à la loi du 27 Février 1792. Et ont figné avec nous, les dénommés ci-deffus, les jour, mois & an que deffus.

LE COUTEULX, GATTEAUX, PIERRE DIDOT *l'aîné*, FIRMIN DIDOT, FERRIER, AMELOT.

ASSIGNAT DE 300 liv.

L'AN mil fept cent quatre-vingt-douze, quatrieme de la Liberté, le fept Septembre, Nous, Adminiftrateur de la Caiffe de l'Extraordinaire, après avoir réuni MM. le Couteulx, tréforier de la Caiffe de l'Extraordinaire; Gatteaux, graveur; Pierre Didot, Imprimeur; & Firmin Didot, fondeur en caracteres d'imprimerie, à l'effet de vérifier & conftater les fignes caractériftiques de falfification d'Affignats de 300 livres de la Création des 19 Juin & 12

Septembre

Septembre 1791 , qui viennent de paraître ; Après avoir rapproché & comparé entre eux un faux Affignat & un vrai , nous avons reconnu ;

Que dans la partie fupérieure, portant les mots ASSIGNAT DE LA CREATION DES 19 JUIN ET 12 SEPTEMBRE 1791 , renfermée entre les deux petits traits perpendiculaires, dans le mot ASSIGNAT, les deux fyllabes ASSI , font très-rapprochées.

Que la lettre G qui fuit , eft plus groffe que les autres lettres du mot.

Que la lettre R du mot CRÉATION , qui fe trouve dans la même ligne , touche par en bas la lettre E qui la fuit.

Que l'accent-aigu qui eft placé fur cette lettre É , eft figuré par un petit point alongé, ce qui n'eft pas dans les vrais affignats.

Que cette lettre É touche prefque la lettre A qui la fuit.

Que les trois lettres RÉA qui fe trouvent dans ce mot CRÉATION , font toutes liées par le bas , tandis que dans les vrais affignats, ces mêmes lettres font très-diftinctes & féparées.

Que dans la même ligne , au mot DES , la barre tranfverfale du milieu de l'E, touche le trait fupérieur de la lettre, & que cette barre eft figurée par un point alongé.

Que dans la même ligne , la lettre J initiale du mot JUIN , eft plus courte que les autres lettres de ce mot.

Que dans le mot SEPTEMBRE, aussi contenu dans la même ligne, les lettres E & P se touchent presque par le bas, & que les lettres P & T qui suivent, se touchent presque par le haut.

Que la boucle de la lettre P, au lieu d'être fermée par une rondeur, est terminée par un trait horizontal qui va rejoindre le trait perpendiculaire de la lettre.

Que dans le même mot SEPTEMBRE, la lettre E touche presque le jambage de lettre M, dans sa partie supérieure, et que cette lettre M et la lettre B qui la suit, sont liées ensemble à leurs parties supérieure & inférieure par deux empâtemens placés à la naissance & à la terminaison de la lettre B.

Que dans le même mot SEPTEMBRE, les lettres RE qui forment la derniere syllabe du mot, se touchent aussi par en bas.

Que dans la même ligne, les chiffres qui composent le millésime 1791, sont beaucoup plus forts que ceux qui composent le même millésime dans les vrais assignats, ce qui se remarque, sur-tout, dans les chiffres 7 & 9 qui débordent par en haut, les deux chiffres 1 entre lesquels ils sont placés

Que dans la ligne suivante contenant les mots DOMAINES NATIONAUX en lettres fleuronnées, la lettre U insérée dans la derniere syllabe du mot NATIONAUX, est moins grande que les lettres A & X au milieu desquelles elle se trouve placée, ce qui n'existe pas dans les vrais assignats.

Que dans la ligne contenant les mots *Hypothéqués au remboursement des Assignats par le Décret &c.* la tête de la lettre *l* du mot *le*, penche du côté de la lettre *r* du mot *par* qui le précede.

Que dans la ligne commençant par les mots *IL sera payé*, *&c.* la lettre *ſ* du mot *sera*, est très-rapprochée de la lettre *L* capitale du mot *IL*, & que cette lettre *ſ* est placée plus bas que les autres lettres du mot, & qu'elle n'y est point proportionnée.

Que dans le mot suivant *payé*, la lettre *y* qui s'y rencontre, est très-large par le haut.

Que dans la même ligne, la lettre *ſ* du mot *somme* qui s'y rencontre, est aussi plus basse que les autres lettres du mot.

Que dans la même ligne, les mots *trois cents livres*, sont plus rapprochés les uns des autres, dans les faux, qu'ils ne le sont dans les vrais.

Que la lettre *o* qui se rencontre dans le mot *trois*, est plus large & plus grande que toutes les autres lettres du mot.

Que dans la ligne suivante, commençant par le mot *conformément*, la lettre *c* de ce mot *con-formément*, est plus éloignée de la lettre *o* qui la suit, & que cette lettre *o*, se trouve très-près de la lettre *n*.

Que dans la même ligne, la lettre *a* du mot *aux* qui s'y rencontre, est plus basse que les lettres *u* & *x* qui la suivent.

Que toujours dans la même ligne , dans la premiere fyllabe , *Sept* , du mot *Septembre* , la lettre *e* eft éloignée du *p* qui la fuit , & que ce *p* eft très-rapproché de la lettre *t* qui la fuit.

Que le timbre long du bas , portant ces mots , *trois cents* , en toutes lettres , eft plus court & moins large d'une ligne dans les faux que dans les vrais Affignats.

Que le mot *Gatteaux* qui eft renfermé dans le timbre fous le mot *trois cents* , eft d'un caractere plus fort dans les faux que dans les vrais.

Que le fecond timbre du bas , à gauche , portant 300 en chiffres arabes , eft plus court & moins large d'une ligne dans les faux Affignats que dans les vrais.

Que les caracteres inférés dans le petit médaillon rond , placé à gauche dans l'intérieur du timbre , & portant les mots LA LOI & LE ROI , ces mots LA LOI & LE ROI , font d'un caractere plus fort que celui qui forme les mêmes lettres & les mêmes mots dans les vrais Affignats.

Que dans le fecond médaillon rond de droite , portant trois fleurs de lys , ces trois fleurs de lys font plus maigres que celles qui fe trouvent dans les vrais Affignats, & que les parties qui les compofent font plus écartées du corps de la fleur de lys dans les faux Affignats que dans les vrais.

Que l'efpace contenu entre les deux petits traits perpendiculaires, placé à la partie inférieure de l'Af-

fignat, & contenant les mots TROIS CENTS LI-
VRES en petites capitales, eſt plus long d'une demi-ligne dans les faux que dans les vrais.

Que l'effigie du roi empreinte au milieu de l'Aſ-
fignat, eſt très-mal exécutée ; que le nez ſe termine
par une rondeur , au lieu de ſe terminer par une
pointe, comme dans les vrais Aſſignats ; que le
caractere des mots qui compoſent l'exergue, LOUIS
XVI ROI DES FRANÇAIS, eſt beaucoup plus fort
que celui qui compoſe les mêmes mots dans les
Aſſignats vrais.

Qu'en meſurant l'Aſſignat faux , en le prenant
d'une extrêmité d'une vignette d'un côté à l'autre,
il eſt plus court d'une ligne dans ſa largeur que les
vrais Aſſignats ; qu'en le meſurant pareillement de
l'extrêmité de la premiere ligne de la vignette ſupérieure, à la derniere ligne de la vignette inférieure, cet Aſſignat faux eſt plus court d'une ligne
dans ſa hauteur que les vrais Aſſignats.

Que le timbre ſec eſt fort mal exécuté ; qu'en
général les lettres & la gravure ne ſont point net-
tes, & que ſur-tout les lettres ne ſont point proportionnées les unes avec les autres.

De tout quoi nous avons dreſſé le préſent procès-
verbal, pour être par Nous, Adminiſtrateur de la
Caiſſe de l'Extraordinaire, adreſſé à tous les Corps
adminiſtratifs, Tribunaux, Juges de Paix & autres
Officiers de Police de ſûreté, conformément à la
loi du 27. Février 1792. Et ont ſigné avec nous les

dénommés ci - deffus, les jour & an que deffus.

Signé à l'original, PIERRE DIDOT *l'aîné*, FIR-
MIN DIDOT, GATTEAUX, LE COUTEULX,
& AMELOT.

***

ASSIGNAT DE 300 liv.

L'AN mil fept cent quatre-vingt-douze, quatrieme
de la Liberté, le fept Septembre, Nous adminiftrateur de la caiffe de l'extraordinaire, après avoir réuni
MM. *le Couteulx*, treforier de la caiffe de l'extraordinaire ; *Gatteaux*, graveur ; *Pierre Didot*, imprimeur , & *Firmin Didot*, fondeur en caracteres
d'imprimerie , a l'effet de vérifier & conftater les
fignes caractériftiques de falfification d'Affignats de
300 livres de la création des 19 Juin & 12 Septembre 1791 , qui viennent de paroître , après avoir
rapproché & comparé entre eux un faux Affignat
& un vrai , nous avons reconnu :

Que la partie fupérieure contenue entre les deux
petits traits perpendiculaires entre lefquels font inférés les mots ASSIGNAT DE LA CRÉATION DES
19 JUIN ET 12 SEPTEMBRE 1791, l'efpace eft
plus petit de près d'une ligne & demie, que celui
des vrais Affignats, que dans le mot ASSIGNAT
les deux fyllabes ASSI , font très-rapprochées, que
les quatre lettres dont les deux fyllabes font com-

poſées, ne ſont point proportionnées aux quatre autres de la ſyllabe GNAT qui termine le mot.

Que dans le mot CRÉATION , la lettre R & la lettre É ſe touchent par le bas , & que l'accent aigu placé ſur la lettre É , eſt très-épais & touche preſque cette lettre É.

Que dans le mot DES qui ſuit , les lettres ES ſont très-près l'une de l'autre , & qu'elles ſont plus groſſes dans les faux que dans les vrais.

Que les lettres qui compoſent le mot JUIN ſont très-courtes & ſerrées.

Que dans le chiffre 12 , le chiffre 1 eſt plus court que le 2 qui le ſuit , & que ce chiffre 1 eſt en même temps très-épais.

Que dans le mot SEPTEMBRE , les deux lettres SE ſe touchent preſque par le bas , & que le P qui ſuit eſt très-mal fait , que la boucle de ce P n'eſt point proportionnée au corps de la lettre.

Que dans le milléſime 1791 , le premier chiffre 1 eſt lourd & épais.

Que les chiffres 91 qui terminent le milléſime, ſont placés beaucoup plus bas que les deux chiffres 1 & 7 qui les précedent , & auxquels ils devroient être alignés ; que le chiffre 9 touche de très-près le chiffre 1.

Que dans la ligne commençant par le mot *Hy-pothéqués* , la lettre *q* contenue dans ce mot, eſt très-courte & a l'air d'être applatie.

Que dans le mot REMBOURSEMENT qui

fuit , les lettres R & S qui fe trouvent placées dans le milieu du mot , font très - ferrées l'une cóntre l'autre , & qu'elles ont l'air de fe toucher par le haut.

Que les deux MM font beaucoup plus petites que les autres lettres du mot.

Que dans le mot ASSIGNATS , la lettre S qui termine le mot eft très-petite & point propor- tionnée aux autres lettres du mot ;

Que dans la même ligne, le premier *é* du mot *décret* , eft furmonté d'un accent aigu qui touche prefque la boucle de la lettre.

Que la lettre *c* qui fe trouve dans ce mot , eft plus groffe que toutes les autres lettres du mot.

Que dans la ligne du milieu, contenant les mots ASSIGNAT DE TROIS CENTS LIVRES , la lettre D du mot DE, qui fe trouve au-deffous de l'écuffon , fe termine par le bas par un trait hori- zontal qui coupe la rondeur du D.

· Que, toujours dans la même ligne , la lettre I qui fe trouve dans le mot TROIS , fe renverfe vifiblement fur la lettre S qui la fuit.

Que dans le mot CENTS , la lettre N eft beau- coup plus forte que les autres lettres du mot.

Que dans la ligne commençant par les mots *Il fera payé* , les trois lettres *sss* contenues dans les mots *trois cents livres* , ne fe reffemblent point entre elles.

Que celle contenue dans le mot *livres* defcend

plus bas que les autres lettres du mot , & que les lettres qui compofent le mot, *livres*, ne font point du tout alignées.

Que dans la même ligne , les deux lettres *ff* du mot *Caiffe*, ne font point alignées aux autres lettres du mot ; que ces deux lettres *ff* font plus fortes qu'elles ne le font dans les vrais affignats.

Que la lettre *e* qui termine le mot *Caiffe* eft très-petite , en comparaifon des autres lettres aux-quélles elle eft jointe.

Que dans la ligne commençant par le mot *con-formément*, le premier *é* du mot eft très-petit, ce qui le fait paraître enterré entre les deux *mm* au milieu defquelles il eft placé ; que les lettres *nt* qui terminent ce mot *conformément* fe touchent prefque.

Que, toujours dans la même ligne , au mot *dé-crets*, la lettre *é* eft plus petite que les lettres *d* & *c* au milieu defquelles elle fe trouve placée.

Que le fecond *e* du mot *décrets* eft petit & point aligné par le bas aux autres lettres du mot , dans lequel il fe trouve placé.

Que dans la même ligne , le chiffre 1 de la date 12 placé avant le mot *Septembre*, eft très-court.

Que dans le milléfime 1791 qui termine cette ligne, on remarque que les deux chiffres 91 font placés plus bas que les chiffres 1 & 7 qui les pré-cedent, & qu'ils font en même tems très-près l'un de l'autre.

. Que le chiffre 1 qui termine ce milléfime eft petit & écrafé.

Que l'efpace inférieur contenu entre les deux petits traits perpendiculaires où font inférés les mots TROIS CENTS LIVRES en petites capitales , eft plus court d'une demie-ligne dans les faux affignats, qu'il ne l'eft dans les vrais.

Que le timbre long du bas, placé du côté gauche, contenant les mots *trois cents* en toutes lettres, eft plus court d'une demie-ligne tant en hauteur qu'en largeur, que ne l'eft le même timbre dans les vrais affignats.

Que le mot GATTEAUX, inféré dans ce timbre fous les mots *trois cents* , eft d'un caractere plus grand, & que les lettres font plus maigres que ne le font celles qui compofent le même mot dans les vrais affignats.

. Que le fecond timbre du bas, à droite, portant 300 en chiffres arabes, eft auffi moins haut d'une demie-ligne que le même timbre des vrais affignats.

. Que les chiffres arabes 300 font plus maigres dans les faux affignats que les mêmes chiffres qui fe trouvent dans les vrais.

. Que les trois fleurs-de-lys contenues dans le petit écuffon rond inféré dans le timbre long du bas, à droite, font un peu plus larges, & ne font pas auffi pointues par le bas que celles qui font dans les vrais affignats.

. Que cet affignat, mefuré d'une des extrêmités de

ſes bordures de gauche à droite , eſt moins large d'une ligne & demie que les vrais aſſignats.

Que pareillement meſuré dans ſa hauteur, il eſt plus court d'une demie-ligne que les vrais aſſignats.

De tout quoi nous avons dreſſé le préſent procès-verbal , pour être , par Nous , Adminiſtrateur de la Caiſſe de l'Extraordinaire , adreſſé à tous les Corps Adminiſtratifs , Tribunaux , Juges de paix , & autres Officiers de Police de ſûreté , conformément à la loi du 27 Février 1792. Et ont ſigné avec nous les dénommés ci-deſſus , les jour , mois & an que deſſus.

Signé à l'original. P. FIRMIN DIDOT , P. DIDOT *l'aîné* , GATTEAUX , LE COUTEULX & AMELOT.

ASSIGNAT DE 300 liv.

L'AN mil ſept cent quatre-vingt-douze , quatrieme de la Liberté , le quatre Avril , Nous Commiſſaire du Roi , Adminiſtrateur de la Caiſſe de l'Extraordinaire , après avoir réuni MM. le Couteulx , tréſorier de la Caiſſe de l'Extraordinaire ; Ferrier, directeur de la fabrication des Aſſignats ; Gatteaux, graveur ; Pierre Didot , imprimeur , & Firmin Didot , fondeur en caracteres d'imprimerie , à l'effet de vérifier & conſtater les marques caractériſtiques de falſification d'aſſignats de trois cents livres , de la création des 19 Juin & 12 Septembre 1791 , qui viennent de paraître ; après avoir rapproché & comparé entr'eux un faux affignat & un vrai , nous avons reconnu ,

Que dans le faux affignat, dans le mot ASSIGNAT qui fe trouve dans la ligne inférée entre les filets de la partie fupérieure qui défigne l'indication de la création , la fyllabe GNAT eft compofée de lettres plus fortes que ne le font celles ASSI , qui forment le commencement du mot.

Que les autres mots, DE LA CRÉATION DES 19 JUIN ET 12 SEPTEMBRE 1791 , font compofés de lettres plus fortes dans les faux Affignats , que ne le font celles qui compofent les mêmes mots dans les vrais.

Que dans les faux, les chiffres 9 contenus dans le milléfime 1791 & dans la date 19 qui fe trouvent dans la même ligne, ne fe reffemblent point entre eux.

Que le chiffre 9 contenu dans le milléfime 1791, eft plus fort que celui de la date 19.

Que dans la premiere ligne qui contient les mots. DOMAINES NATIONAUX en lettres fleuronnées, le mot DOMAINES , à prendre du milieu du trait perpendiculaire qui commence la lettre D., jufqu'au ventre de la lettre S, eft plus court d'une ligne que dans les vrais.

Que le mot NATIONAUX auffi en lettres fleu-ronnées , à prendre du premier jambage de la lettre.

initiale N , jufqu'au dernier empâtement du trait tranfverfal qui termine le fecond jambage de la lettre X , fe trouvent auffi d'une ligne plus court que dans les vrais.

Que dans la feconde ligne dans laquelle font inférés les mots *Hypothéqués au remboursement des Affignats* , l'y du mot *Hypothéqués* touche prefque à la lettre *H* petite capitale qui commence le mot.

Que les queues des lettres *p* & *q* font très-courtes, ce qui rend les deux lettres défigurées.

Que la lettre *d* du mot *des* , contenu dans la même ligne , eft terminée à la partie fupérieure de fon trait perpendiculaire par un empâtement ou tra't tranfverfal qui outrepaffe de chaque côté , tandis que dans les vrais Affignats , l'empâtement ou trait tranf-verfal n'eft marqué que d'un feul côté , fans outre-paffer le trait perpendiculaire.

Que dans la ligne du milieu , dans les mots ASSIGNATS DE TROIS CENTS LIV. , les lettres S qui s'y rencontrent different entre elles ; que fur-tout celle qui eft à la terminaifon du mot CENTS eft plus épaiffe que les autres.

Que les mots qui font contenus dans les deux lignes fuivantes, font compofés de lettres dont le caractere eft plus haut & moins large que celui qui eft employé dans les vrais Affignats.

Qu'on remarque fur-tout dans la ligne qui com-mence par le mot *conformément* , que les *p* qui fe trouvent dans le mot *Septembre* qui y eſt deux fois, ſont très-courts, comparativement aux autres lettres de ce même mot *Septembre*.

Que dans cette même ligne, le corps du chiffre 6 qui ſe trouve dans la date 16, eſt ſerré, au lieu d'être arrondi.

Que l'effigie du Roi n'eſt nullement reſſemblante; que le nez ſur - tout eſt extrêmement allongé & point proportionné, ce qui n'exiſte point dans les vrais.

Que la chevelure qui tombe dans la partie inférieure de l'écuſſon, forme une échancrure très-marquée, tandis que dans les vrais cette échancrure eſt plus légere.

Qu'au ſurplus, on peut aiſément reconnoître cette eſpece d'Aſſignats, parce que dans leur largeur, en les meſurant d'un bout de vignette à l'autre, ils ſont plus courts de plus d'une ligne que les vrais.

Que tous les caractères des lettres ſont plus hauts & moins larges que ceux qui ſont employés dans les vrais.

Que le timbre ſec y eſt très-mal exécuté.

Et qu'en général, on peut s'appercevoir facilement de la différence qui exiſte dans ces Aſſignats, parce qu'ils ſont gravés en taille-douce.

De tout quoi nous avons dreſſé procès - verbal, pour être par nous commiſſaire du roi, adminiſtrateur de la caiſſe de l'extraordinaire, adreſſé à tous les corps adminiſtratifs, tribunaux, juges de paix &

autres officiers de police de sûreté, conformément à la loi du 27 Février 1792. Et ont signé avec nous, les dénommés ci-deſſus, les jour & an que deſſus.

LE COUTEULX; GATTEAUX; P. DIDOT *l'aîné*; FIRMIN DIDOT; FERRIER; AMELOT.

ASSIGNAT DE 200 liv.

L'AN mil ſept cent quatre-vingt-douze, quatrieme de la Liberté, le onze Août, Nous adminiſtrateur de la caiſſe de l'extraordinaire, après avoir réuni MM. *le Couteulx*, tréſorier de la caiſſe de l'extraordinaire; *Gatteaux*, graveur; *Pierre Didot*, imprimeur, & *Firmin Didot*, fondeur en caracteres d'imprimerie, à l'effet de vérifier & conſtater les marques caractériſtiques de falſification d'Aſſignats de deux cents livres, de la création du 30 Avril 1792, qui viennent de paraître; Après avoir rapproché & comparé entre eux un faux Aſſignat & un vrai, Nous avons reconnu,

Que la partie ſupérieure contenant la ligne compoſée des mots ASSIGNAT DE LA CRÉATION DU 30 AVRIL 1792, eſt plus longue d'une bonne ligne dans les faux que dans les vrais, en meſurant de l'un à l'autre des deux petits traits perpendicu-aires qui accompagnent la vignette.

Que dans le mot ASSIGNAT contenu dans la même ligne, la lettre I qui s'y rencontre eft plus grande que toutes les autres lettres du mot.

Que cette même lettre I eft furmontée, du côté gauche, d'un petit empâtement qui ne traverfe point la lettre.

Que dans le même mot ASSIGNAT, la lettre G porte un empâtement horizontal dans le milieu de la lettre, qui eft très-alongé à l'extérieur.

, Que dans le mot CRÉATION, toujours dans la même ligne, l'accent aigu de la lettre É eft très-large & touche prefque la lettre, tandis que dans les vrais il eft très-fin & en eft très-féparé.

Que le chiffre 3 de la date 30 eft très-épais, fur-tout dans la barre du haut, ainfi que le zéro qui fuit.

Que dans le milléfime 1792, le chiffre 1 eft furmonté d'un empâtement qui fe prolonge du côté du chiffre 7, tandis que dans les vrais le même empâtement ne s'étend point de ce côté.

Que la queue du chiffre 7 contenu dans le milléfime 1792 eft longue & épaiffe, tandis que dans les vrais elle eft fine & déliée.

Que le chiffre 2 qui termine ce milléfime eft plus étroit, fur-tout du bas, que celui qui fe trouve dans les vrais, & qu'en même tems il eft plus féparé du chiffre 9 qui le précede, qu'il ne l'eft dans les vrais.

Que la ligne compofée des mots DOMAINES
NATIONAUX,

NATIONAUX , en lettres fleuronnées , en la
mesurant du premier trait perpendiculaire de la
lettre D du mot DOMAINES, jusqu'au ventre de
lettre S, se trouve plus longue d'une ligne dans les
faux que dans les vrais.

Que dans le mot suivant NATIONAUX, les
lettres A qui s'y rencontrent sont un peu plus éle-
vées que les autres lettres du mot dans les faux
qu'elles ne le sont dans les vrais.

Que dans la ligne suivante, qui commence par
le mot *Hypothéqués*, les lettres *Hypot.* ne font
point alignées aux autres lettres du mot.

Que dans le même mot *Hypothéqués*, la lettre
p est très-grosse & point proportionnée , qu'elle a
par en bas des empatemens très-longs , & que les
lettres *t* & *h* qui la suivent se touchent.

Que les deux accens aigus qui se trouvent sur les
deux *é* de ce mot *Hypothéqués*, sont très-épais.

Que ces deux *é* ne se ressemblent point entr'eux ;
que le second a la tête beaucoup plus large que
le premier, & se jette en avant sur la lettre *s* qui
suit.

Que dans la même ligne la queue de la lettre *æ*
du mot *au* qui suit, s'avance jusques sous la lettre *u.*

Que dans la même ligne , au mot *rembourse-*
ment, la lettre *b* qui s'y trouve est très-mal faite,
qu'elle est surmontée d'un côté d'un empâtement
très-épais, tandis que dans les vrais l'empâtement est
fin, & est posé également sur le jambage de la lettre.

D

Que dans la même ligne , dans le mot ASSI-GNATS en petites capitales , la tête du G avance & defcend beaucoup , ce qui ferme prefqu'entiérement la lettre.

Que la lettre T de ce mot eft très-ferrée.

Que dans la même ligne , le *p* du mot *par*, porte trois empatemens qui font extrêmement longs.

Que dans la ligne du milieu , contenant les mots ASSIGNAT DE DEUX CENTS liv., la diftance qui exifte entre les mots ASSIGNAT & DEUX CENTS, entre lefquels eft placé le mot DE, eft plus grande dans les faux affignats que celle qui exifte dans les vrais.

Que les E des mots DEUX & CENTS ne fe reffemblent pas ; que la petite barre tranfverfale du milieu eft beaucoup plus remontée dans l'E du mot CENTS que dans celui du mot DEUX.

Que dans la même ligne , le v du mot liv. eft plus grand que la lettre i qui le précede ; que ce v furmonte cette lettre i par la pointe du premier jambage.

Que dans la ligne commençant par le mot *conformément*, la boucle de la lettre *e* de la fyl-labe *ment* eft très-refferrée par en haut.

Que dans la même ligne , le pendentif du chiffre 7 contenu dans le milléfime 1790, eft fi allongé, qu'il touche prefque par le bas l'empatement du chiffre 1.

Que dans la même ligne , dans le mot JUIN, la lettre U eft près de la lettre J , & loin de la lettre I.

Qu'en général les chiffres & les lettres de l'affignat font très-mal faits , & ne fe reffemblent
point les uns avec les autres.

Que dans l'effigie du Roi qui fe trouve empreinte
en noir au milieu de l'affignat , dans la partie fupérieure , on remarque que le trait qui forme la
bouche , au lieu d'être droit , remonte du côté du
nez, ce qui n'exifte pas dans les vrais.

Que le nez fe termine en rond , tandis que dans
les vrais il fe termine par une pointe.

Que les lettres qui compofent l'exergue LOUIS
XVI, ROI DES FRANÇAIS , qui eft autour de
l'effigie , font plus larges dans les faux que dans
les vrais.

Que dans le timbre long du bas , du côté gauche,
portant les mots *Deux Cents* en toutes lettres, on
remarque que les lettres *D* du mot *Deux* & *C* du
mot *Cents* , ne reffemblent point aux mêmes lettres
qui fe trouvent dans les vrais.

Que dans les faux , ces lettres *D* & *C* font
plus maigres & les ornemens plus compliqués que
ceux qui font dans les vrais , ce qui fe remarque
fur-tout dans le *C.*

Que les fleurs de lys contenues dans le petit
lofange qui accompagne le timbre long du bas ,
portant 200 en chiffres arabes , font plus maigres
& plus élancées que celles qui fe trouvent dans les
vrais.

D 2

Que les mots LA LOI ET LE ROI contenus dans le second petit losange du côté droit du même timbre, sont infiniment plus maigres que les mêmes mots qui se trouvent dans les vrais assignats.

Qu'en général tout ce qui est gravure dans ces faux assignats, soit l'effigie du Roi, les deux timbres du bas & la vignette qui sert d'encadrement au corps de l'assignat, sont très-mal exécutés, ce qui se remarque particuliérement dans les fleurs de lys qui se trouvent renfermées dans la vignette qui forme encadrement.

Que le papier de cet assignat est très - mou au toucher, & qu'il se ramoliit au point de se déchirer très-facilement.

De tout quoi nous avons dressé procès-verbal, pour être par Nous, Administrateur de la Caisse de l'Extraordinaire, adressé à tous les Corps administratifs, Tribunaux, Juges de Paix & autres Officiers de police de sûreté, conformément à la Loi du 27 Février 1792. Et ont signé avec Nous les dénommés ci-dessus, les jour & an que dessus.

Signé FIRMIN DIDOT, P. DIDOT l'aîné, LE COUTEULX, AMELOT, GATTEAUX.

ASSIGNAT DE 5 ^{liv.}

L'AN mil sept cent quatre-vingt-douze, l'an 4e.
de la Liberté, le vingt-deux Mai, à huit heures du matin, Nous Commissaire du Roi, Administrateur de
la Caisse de l'Extraordinaire, après avoir réuni MM.
le Couteulx, tréforier de la Caisse de l'Extraordinaire ; Ferrier, directeur de la fabrication des
Assignats; Gatteaux, graveur; Pierre Didot, imprimeur, & Firmin Didot, fondeur en caracteres
d'imprimerie, à l'effet de vérifier et constater les
marques caractériftiques de falsification d'un Assignat
de cinq livres, Création du 6 Mai 1791 ; après avoir
rapproché cet Assignat faux d'un vrai, nous avons
reconnu que dans l'efpace fupérieur entre les vignettes, qui contient la defignation de la Création,
la rondeur du chiffre 5 livres eft beaucoup plus
grande que le mot DE qui précede, tandis que dans
les vrais la rondeur eft égale aux lettres qui le pré-
cedent. Que le chiffre 7 du millésime 1791 n'a pas
le pendentif initial, comme il fe trouve dans les
vrais.

Que dans la ligne fuivante, commençant par
le mot DOMAINES, la pointe qui forme un V.
dans la lettre M, n'eft pas dans le milieu de la
lettre, & fe touve plus près du jambage plein du
côté de la lettre A qui la fuit. Que dans le mot

NATIONAUX , la lettre U eſt en général ferrée, & fur - tout du bas.

Que dans la ligne qui contient les mots ASSI-GNAT DE CINQ liv. , la lettre A du mot Affi-gnat où ſe trouvent les mots *la loi & le roi* eſt plus courte que celle des vrais Affignats, ce qui lui donne un air large. Que les mots *la loi & le roi* qui ſont contenus dans cette lettre A , ſont en général mal faits , & que fur-tout la lettre *e* du mot *&* eſt très-éloignée de la lettre *t*.

Que la lettre G du mot Affignat, eſt applatie par en haut.

Que dans le même mot la lettre A de la der-niere ſyllabe GNAT, a la barre très-élevée.

Que dans la même ligne la lettre *r* du mot *livres* a le bouton très-court & ne s'aligne pas à la hau-teur de la lettre, ce qui la rend très-difforme.

Que dans la ligne ſuivante commençant par ces mots *payable au Porteur*, la lettre *r* eſt tellement éloignée de la lettre *t* , que par la diviſion de ſyllabes le mot ſemble en faire deux.

Que dans la même ligne, dans les mots en romain *Caiſſe de l'Extraordinaire*, il n'y a nul alignement, & qu'en général les lettres ſont très-mal faites, fur-tout les *a* qui ſont d'une mauvaiſe forme & de différentes grandeurs entr'eux.

Que dans le mot *Extraordinaire*, le premier *a* eſt très-rapproché par en haut de la lettre *r* qui le précede.

Que les lettres de ce même mot *Extraordinaire* font plus petites que celles qui font dans les vrais, ce qui rend le mot plus court dans les faux que dans les vrais.

Qu'en général l'Affignat faux eft plus court que les vrais, d'une ligne au moins, tant en hauteur qu'en largeur.

Que dans le timbre à l'encre qui porte le chiffre arabe 5tt, les mots *la loi le roi* renfermés dans le petit écuffon font d'un caractere plus petit que dans les vrais.

Que dans les vignettes de gauche & de droite, les petites parties noires qui s'y trouvent ne préfentent pas la forme d'un lofange comme dans les vrais.

Que le timbre fec eft plus grand que celui des vrais, & que dans la bordure de ce timbre fec, qui eft compofé d'un lys & d'une fleur de lys, on remarque un filet en relief qui les joint enfemble, tandis que dans les vrais il n'exifte pas.

Que le portrait du timbre fec n'eft nullement reffemblant.

De tout quoi nous avons dreffé procès – verbal, pour être par Nous, Commiffaire du Roi, Adminiftrateur de la Caiffe de l'extraordinaire, adreffé à tous les Corps adminiftratifs, Tribunaux, Juges de Paix & autres Officiers de Police de fûreté, conformément à la loi du 27 Février 1792. Et ont.

D 4

figné avec nous, les dénommés ci-deſſus, les jour, mois & an que deſſus.

Le Couteulx, Gatteaux, Pierre Didot l'aîné, Firmin Didot, Ferrier, Amelot.

Assignat de 5 ^{liv.}

L'an mil ſept cent quatre-vingt-douze, quatrieme de la Liberté, le vingt-deux Mai, Nous, Commiſſaire du Roi, Adminiſtrateur de la Caiſſe de l'Extraordinaire, après avoir réuni MM. le Couteulx, Tréſorier de la Caiſſe de l'Extraordinaire; Ferrier, Directeur de la fabrication des Aſſignats; Gatteaux, graveur; Pierre Didot, imprimeur; & Firmin Didot, fondeur en caracteres d'imprimerie, à l'effet de vérifier & conſtater les marques caractériſtiques de falſification d'aſſignats de Cinq livres, de la création du 28 Septembre 1791, qui viennent de paroître; après avoir rapproché & comparé entre eux un faux aſſignat & un vrai, nous avons reconnu, que dans le faux aſſignat, on remarque dans la ligne inſérée entre les deux filets qui forment la partie ſupérieure de l'aſſignat, que le chiffre 5 eſt plus fort que celui des vrais aſſignats, & que la tête de ce chiffre eſt plus raccourcie dans les faux que dans les vrais.

Que dans la même ligne, le chiffre 8 de la date 28 eſt d'un tiers plus court que dans les vrais aſſignats.

(57)

Que dans cette même ligne , la lettre P qui
fe trouve dans le mot SEPT eft coupée, c’eft-à-dire,
que la boucle ne rejoint pas le trait perpendiculaire
ou jambage, comme il faut qu’il foit pour former
un P.

Que dans cette même ligne les chiffres 7 & 9
qui compofent le milléfime 1791 , ne font point
en ligne , & montent beaucoup, ce qui eft très-
apparent, fur-tout pour le chiffre 9.

Que la diftance entre les deux filets de la partie
fupérieure dans les faux eft de 3 lignes, tandis que
dans les vrais elle n’eft que de deux lignes & demie & un peu plus.

Que les caractères des mots ASSIGNAT DE
CINQ livres, ne font pas nets.

Que dans la ligne commençant par le mot
payable en lettres italiques , le trait perpendiculaire
ou jambage de la lettre *p* du mot *payable*, eft
plus court que dans les vrais.

Que dans la même ligne , le *t* qui fe trouve
dans le mot *porteur* en lettres italiques , eft aligné
aux lettres *t* & *e* entre lefquelles il eft placé, tandis qu’il devroit outrepaffer ces deux lettres , comme
on le voit dans les vrais affignats.

Que dans la même ligne , le *p* du mot *par*
eft très-court, & femblable à celui du mot *payable*
dont on a déja parlé.

Que les filets intérieurs qui forment encadrement,
font réunis à tous les angles , fans interruption ,

tandis que dans les vrais ces filets font interrompus aux angles.

Que l'impreſſion eſt moins nette dans les faux aſſignats que dans les vrais.

Que dans la ſignature *Corſet* , la tête de la lettre *ſ* du mot eſt moins penchée à droite que dans les vrais, & que la liaiſon qui réunit la lettre *ſ* à la lettre *e* eſt rompue.

Que le timbre ſec eſt moins apparent dans les faux que dans les vrais , & que les détails de la gravure y font moins ſaillans.

Qu'en général toutes les lettres & les gravures des vignettes different viſiblement de celles des vrais Aſſignats, en ce que ces lettres & ces vignettes font dans les faux d'un trait plus léger & moins fortement marquées que celles des vrais , ce qui donne à ces faux Aſſignats un ton de couleur moins noir que celui qui frappe la vue dans les vrais au premier coup-d'œil.

De tout quoi nous avons dreſſé procès-verbal, pour être, par Nous, Commiſſaire du Roi, Adminiſtrateur de la Caiſſe de l'Extraordinaire, adreſſé à tous les Corps Adminiſtratifs, Tribunaux , Juges de paix & autres Officiers de police de ſûreté , conformément à la loi du 27 Février 1792. Et ont ſigné avec nous les dénommés ci-deſſus, les jour & an que deſſus.

LE COUTEULX, GATTEAUX, PIERRE DIDOT *l'aîné*, FIRMIN DIDOT, FERRIER, AMELOT.

ASSIGNAT DE 5 liv.

L'AN mil sept cent quatre-vingt-douze, l'an 4e. de la Liberté, le vingt-deux Mai, Nous Commiffaire du Roi, Adminiftrateur de la Caiffe de l'Extraordinaire, après avoir réuni MM. le Couteulx, tréforier de la Caiffe de l'Extraordinaire ; Ferrier, directeur de la fabrication des Affignats ; Gatteaux, graveur ; Pierre Didot, imprimeur, & Firmin Didot, fondeur en caracteres d'imprimerie, à l'effet de vérifier & conftater les marques caractériftiques de falfification d'Affignas de cinq livres, de la création du 6 Mai 1791, qui viennent de paroître ; Après avoir rapproché & comparé entr'eux un Affignat faux & un vrai, Nous avons reconnu qu'à prendre du premier filet fupérieur au fecond filet inférieur qui forment encadrement, le corps de l'Affignat eft moins haut de deux lignes que les vrais.

Que le faux eft moins large que les vrais.

Que dans les faux les lettres qui forment le mot ASSIGNAT placé dans la ligne entre les filets fupérieurs, font plus grandes & plus épaiffes que celles qui forment le même mot dans les vrais.

Que dans la même ligne les lettres du mot DE qui fuit, font pareillement plus grandes & plus épaiffes dans les faux que dans les vrais.

Que dans la même ligne le chiffre 5 indicatif de la fomme, eft plus grand, plus gros & plus épais que dans les vrais; que la boucle du corps du chiffre qui termine en fe recourbant, outrepaffe de pfès d'une demi-ligne la naiffance de la queue du chiffre, tandis que dans les vrais elle y eft prefque alignée.

Que le trait qui forme la queue du 5 eft perpendiculaire, tandis que dans les vrais elle a une inclinaifon marquée.

Que les mots CRÉÉ LE 6 MAI 1791, contenus dans la même ligne, font auffi plus grands & plus épais que les mêmes mots qui fe trouvent dans les vrais.

Que la lettre I qui eft dans le mot MAI, eft lourde, qu'elle eft furmontée d'un empatement & terminée auffi par un empatement qui font tous deux très-alongés & très-lourds, tandis que dans les vrais les empatemens qui furmontent & terminent les I, font très-fins & point alongés.

Que le chiffre 1 initial du milléfime 1791, commence à droite par un trait alongé qui fe termine à la tête du chiffre, tandis que dans les vrais, la tête du chiffre eft formée d'un empatement léger ou trait qui traverfe des deux côtés.

Que la ligne fuivante compofée des mots DOMAINES NATIONAUX, à prendre du trait inférieur qui forme la terminaifon de la lettre D, au point qui fe trouve après le mot NATIONAUX, fe trouve plus grande de pfès d'une ligne dans les faux que dans les vrais.

Que les lettres qui compofent les mots DOMAI-
NES NATIONAUX, font plus lourdes & plus epaif-
fes que dans les vrais.

Que dans le mot NATIONAUX, la derniere
fyllabe NAUX n'eft point du tout alignée; que les
quatre lettres qui forment cette fyllabe NAUX font
le zigzag, ce qui vient de ce que la lettre A qui
s'y rencontre eft plus grande qne les autres lettres
de la ligne.

Que la ligne fuivante, compofée des mots
ASSIGNAT DE CINQ *livres*, à droite de l'extrêmité de l'empâtement du premier jambage de
la lettre A, jufqu'au ventre de la lettre *s* du mot
livres, eft plus courte de près d'une ligne dans
les faux que dans les vrais.

Que la lettre A du mot Affignat, dans laquelle
font contenus ces mots *la loi & le roi*, eft plus
grande dans le faux que dans les vrais, ce qui lui
donne un air maigre; que le fecond jambage dàns
lequel font infcrits les mots *la loi & le roi*, eft
très-refferré, tandis que dans les vrais il eft très-
efpacé.

Que dans le fecond jambage, dans les mots
la loi & le roi qui y font infcrits, il n'y a que les
mots *la loi &*, qui foient lifibles; que les autres,
le roi, font très-embrouillés; qu'on ne peut pas diftinguer s'il y a *le*, & que la premiere lettre qui
compofe le mot *roi*, reffemble plutôt à un *g* qu'à
une *r*, au lieu que dans les vrais, ces mots, *la
loi & le roi*, font très lifibles.

Que les mots, *payable au Porteur par la Caisse de l'Extraordinaire*, qui composent la ligne suivante, sont d'un caractere plus fort dans les faux assignats que celui des mémes mots dans les vrais.

Que dans cette même ligne, la tête de la lettre *d* du mot *de*, n'a point d'empatement ou trait transverfal, tandis que cet empatement exifte dans les vrais.

Que dans la même ligne, la lettre *E* initiale du mot *l'Extraordinaire*, eft alongée, que le trait qui partage l'*E*, au lieu de fe trouver dans le milieu de la lettre, eft très-rapproché de la tête de la lettre, ce qui la rend irréguliere.

Que ce mot *l'Extraordinaire*, va en zigzag, tandis que dans les vrais il eft aligné.

Que le timbre fec y eft fort mal exécuté, & qu'il eft plus grand d'une bonne ligne que dans les vrais.

Que dans le petit timbre noir placé à gauche au bas de l'affignat, & qui porte ces mots *Cinq liv.* en lettres blanches, la lettre *n* du mot *Cinq* n'eft formée que de deux traits qui ne font point liés par le haut comme le doivent être les *n*.

Que dans le même timbre, le *G* du mot GAT-TEAUX n'y eft point tout entier, & que les caracteres du mot font plus gros que dans les vrais.

Que dans le fecond petit timbre noir placé à droite de l'affignat, & qui porte le chiffre 5^{tt} en blanc, ce chiffre dans les faux peut à peine s'apercevoir ; que ce qu'on y découvre fait voir que le chiffre eſt très-mal fait ; qu'on y remarque que la queue de ce chiffre eſt perpendiculaire , au lieu que dans celui qui eſt dans les vrais la queue a une légere inclinaiſon.

Que dans le petit timbre noir on ne voit point à côté du chiffre cinq, les deux petits traits barrés ₶ qui ſignifient livres, tandis qu'ils ſe trouvent dans les vrais.

De tout quoi , Nous avons dreſſé le préſent procès-verbal pour être , par Nous , Commiſſaire du Roi, Adminiſtrateur de la Caiſſe de l'Extraordinaire , adreſſé à tous les Corps adminiſtratifs , Tribunaux, Juges de paix , & autres Officiers de Police de sûreté , conformément à la Loi du 27 Février 1792. Et ont ſigné avec Nous, les dénommés ci-deſſus, les jour & an que deſſus.

Le Couteulx, Gatteaux, Pierre Didot l'aîné, Firmin Didot, Ferrier, Amelot.

Assignat de 5 liv.

L'an mil ſept cent quatre-vingt-douze , quatrieme de la Liberté, le vingt-deux Mai , Nous, Commiſſaire du Roi, Adminiſtrateur de la Caiſſe de l'Extraordinaire , après avoir réuni MM. le Couteulx, Tréſorier de la Caiſſe de l'Extraordinaire ; Ferrier , Directeur de la fabrication des Aſſignats ; Gatteaux,

Graveur ; Pierre Didot , Imprimeur ; & Firmin Didot , Fondeur en caracteres d'imprimerie, à l'effet de vérifier & conftater les marques caractériftiques de falfification d'Affignats de Cinq livres , de la création du 6 Mai 1791 , qui ont paru ; après avoir rapproché un faux d'un vrai , Nous avons reconnu que dans les faux affignats, le mot ASSI-GNAT placé entre les filets de la partie fupérieure, va en zigzag.

Que dans l'indication de la fomme , le chiffre 5 au lieu d'aligner avec les autres lettres, les dé-paffe par en bas de tout le corps du chiffre.

Que le mot CRÉÉ va en zigzag.

Que dans le milléfime 1791 , le chiffre 9 eft d'une grandeur & d'une groffeur ridicules.

Que les mots DOMAINES NATIONAUX , qui fuivent, forment une ligne abfolument vicieufe.

Que le premier A du mot NATIONAUX eft plus petit & plus bas que les autres lettres.

Que les lettres formant les mots *la loi & le roi* , renfermés dans le fecond jambage de la lettre A du mot ASSIGNAT , font tellement confufes, qu'on peut à peine reconnoître chaque lettre, fur-tout celles des mots *la loi &*.

Que dans la même ligne , la lettre Q du mot CINQ , en capitales, eft beaucoup plus baffe que la lettre N.

Que dans la ligne qui commence par ces mots *payable au porteur* , toutes les lettres italiques qui

la

la compofent , font prefque droites au lieu d'être inclinées.

Que dans le mot *Extraordinaire* , la lettre initiale *E* qui devroit être grande capitale , n'eft pas plus grande que les autres lettres du mot.

Que les vignettes font très-mal exécutées.

Que les fleurs de lys qui environnent les petits médaillons des bordures fupérieure & inférieure font pleines au lieu d'être tracées.

Que les petits médaillons qui fe trouvent placés deux à deux dans les bordures fupérieure & inférieure de l'encadrement , n'ont point de formes régulieres.

Que le timbre fec eft plus grand que celui des vrais affignats.

Qu'en général il eft facile de reconnoître ces faux affignats de Cinq livres ; à la mauvaife impreffion , à l'irrégularité du deffin & à la teinte du papier qui tire un peu fur l'azur , & que le papier reffemble plus à du carton qu'à du papier.

De tout quoi Nous avons dreffé procès - verbal , pour être , par Nous Commiffaire du Roi , Adminiftrateur de la Caiffe de l'Extraordinaire , adreffé à tous les Corps adminiftratifs , Tribunaux , Juges de Paix & autres Officiers de Police de fûreté , conformément à la Loi du 27 Février 1792.

E

Et ont figné avec Nous les dénommés ci-deffus, les jour & an que deffus.

LE COUTEULX, GATTEAUX, PIERRE DI-
DOT *l'aîné*, FIRMIN DIDOT, FERRIER, AMELOT.

ASSIGNAT DE 5 ^{liv.}

L'AN mil fept cent quatre-vingt-douze, l'an 1er. de la République françaife, le cinq Octobre, à dix heures du matin ; Nous, Directeur-général de la fabrication des Affignats, après avoir réuni MM. Gatteaux, graveur; Pierre Didot, Imprimeur ; & Firmin Didot, fondeur en caracteres d'impri-merie, à l'effet de vérifier & conftater les marques caractériftiques de falfification d'Affignats de cinq livres de la Création du premier Novembre 1791. Après avoir rapproché cet Affignat faux d'un vrai, Nous avons reconnu :

Que dans l'efpace fupérieur entre les vignettes, qui contient la défignation de la création, le petit figne défignant le mot LIVRES, qui fe trouve après le chiffre 5, eft très-ferré, ce qui ne fe trouve pas dans les vrais Affignats.

Que dans la feconde ligne 'contenant les mots DOMAINES NATIONAUX, les empâtemens de prefque toutes les lettres compofant cette ligne, font fort longs & inégaux entr'eux, & font tels, que toutes les lettres femblent fe toucher entr'elles.

Que dans le mot DOMAINES, les pleins des lettres I & N qui s'y rencontrent, font maigres & tremblés.

Que dans le mot NATIONAUX, les deux N qui s'y trouvent ne fe reffemblent pas, la premiere étant plus étroite, & la feconde ayant l'empatement du côté de l'A ridiculement prolongé.

Que toujours dans le mot NATIONAUX, la barre tranfverfale des deux A qui s'y rencontrent, n'eft point placée au milieu de ces deux lettres, & eft au contraire très-inclinée vers le bas.

Que dans la fyllabe AUX du mot NATIO-NAUX, la lettre A eft fort large, & très-rapprochée de la lettre U.

Que la lettre X qui termine la fyllabe AUX, manque totalement par en bas des empatémens néceffaires à fa perfeftion.

Que dans la ligne renfermant les mots ASSI-GNAT DE CINQ LIVRES, le plein de la lettre initiale A du mot *Affignat* eft très-maigre.

Que dans le mot LIVRES qui fe trouve dans la même ligne, les lettres LI fe touchent par en bas par un empatement.

Que la lettre L n'eft point proportionnée, qu'elle eft plus groffe par en bas que par en haut.

Que dans les vignettes les fleurs-de-lys qui s'y trouvent, font beaucoup plus fortes que dans les vrais Affignats, & qu'elles different entr'elles par leur forme.

Que dans le timbre placé à gauche, où font renfermés ces mots CINQ LIVRES, le fecond jambage de la lettre V eft plus court, & par conféquent point aligné avec le premier.

Que l'efpace inférieur entre les deux petits triangles renfermant ces mots CINQ LIVRES., eft plus large d'une ligne dans les faux Affignats qu'il ne l'eft dans les vrais.

Que mefuré dans fa hauteur, l'Affignat faux eft plus court d'une bonne ligne que l'Affignat vrai.

De tout quoi nous avons dreffé Procès-verbal, pour être, par nous Directeur-general de la fabrication des Affignats, adreffé à tous les Corps Adminiftratifs, Tribunaux, Juges de Paix & autres Officiers de Police de fûreté, conformément à la loi du 27 Février 1792. Et ont figné avec nous les dénommés ci-deffus, les jour & an que deffus.

Signé FIRMIN DIDOT, P. DIDOT l'aîné, GATTEAUX, & DE LA MARCHE.

ASSIGNAT DE 5 liv.

L'AN mil fept cent quatre-vingt-douze, l'an premier de la République françaife, le vingt - trois Octobre, à onze heures du matin, Nous Directeur-général de la fabrication des Affignats, après avoir réuni les Citoyens Gatteaux, graveur; Pierre Didot, imprimeur, & Firmin Didot, fondeur en caracteres d'imprimerie, à l'effet de vérifier & conftater les marques caraⱥériftiques d'un Affignat de cinq livres de la création du 10 Juin 1790. Après avoir rapproché cet Affignat faux d'un vrai, nous avons reconnu.

Que l'efpace fupérieur entre les vignettes contenant la défignation de la création, eft plus court d'une bonne ligne que celui qui fe trouve dans les vrais Affignats.

Que dans cet efpace fupérieur, le petit figne défignant le mot LIVRES qui fe trouve après le chiffre 5, eft très-embrouillé & forme un empâtement confidérable.

Que dans le milléfime 1790, le chiffre 7 qui fe trouve entre le 1 & le 9 eft très-court & par conféquent point aligné avec les autres.

Qu'en général dans cette ligne les lettres qui la compofent ne font point alignées & femblent fe toucher par des empâtemens.

Que dans la feconde ligne contenant les mots DOMAINES NATIONAUX, les lettres compofant cette ligne ne font point alignées entr'elles.

Que dans le mot NATIONAUX, les deux lettres A qui s'y trouvent font fort éloignées des lettres N qui les précédent.

Que dans la lettre X qui termine le mot NATIONAUX, le fecond jambage eft plus court que le premier.

Que dans la ligne renfermant les mots ASSI-

GNAT DE CINQ LIVRES , la lettre initiale du mot Assignat est très-embrouillée.

Que les mots *la loi & le roi*, renfermés dans cette lettre initiale, font d'un caractere plus fort que celui des vrais Assignats.

Qu'en général dans cette ligne toutes les lettres font embrouillées & ferrées les unes contre les autres.

Que le timbre sec reprélentant l'effigie du roi est mal exécuté & se trouve moins large d'une ligne dans les faux Assignats que dans les vrais.

Que dans les vignettes, les fleurs de lys qui s'y rencontrent, font mal exécutées & different entr'elles par leur forme.

Que le timbre placé à gauche, où font renfermés ces mots CINQ LIVRES, est moins large d'une bonne ligne & demie que celui qui se trouve dans les vrais Assignats.

Que le mot *Gatteaux* qui s'y trouve, est presqu'imperceptible par la maniere ridicule dont il est gravé.

Que le second timbre placé à droite, est moins haut d'une demi-ligne que celui qui se trouve dans les vrais Assignats.

Que les mots *la loi & le roi* renfermés dans le petit écusson à droite font presqu'imperceptibles.

Que l'espace inférieur entre les deux petits triangles , renfermant ces mots CINQ LIVRES, est plus large d'une ligne & demie dans les faux Assignats qu'il ne l'est dans les vrais.

Que la lettre s qui termine le mot LIVRES, n'eſt point alignée & s'éleve conſidérablement au-deſſus de la lettre E qui la précede.

Que meſuré dans ſa hauteur, l'Aſſignat faux eſt plus court d'une bonne ligne que l'Aſſignat vrai.

Que pareillement meſuré dans ſa largeur, il ſe trouve moins large d'une ligne que l'Aſſignat vrai.

Que les filigrannes qui ſe trouvent dans le corps du papier des vrais Aſſignats, ne ſont pas apparentes dans les faux.

De tout quoi nous avons dreſſé procès - verbal, pour être par nous Directeur - général de la fabrication des Aſſignats, adreſſé à tous les Corps adminiſtratifs, Tribunaux, Juges de paix & autres Officiers de police de ſûreté, conformément à la loi du 27 Février 1792. Et ont ſigné avec nous, les dénommés ci-deſſus, les jour & an que deſſus.

Signé GATTEAUX ; FIRMIN DIDOT ; PIERRE DIDOT *l'aîné* ; & DE LA MARCHE.

ASSIGNAT DE 5 liv.

L'AN mil ſept cent quatre-vingt-douze, l'an premier de la République française, le vingt-ſix Octobre, à onze heures du matin ; nous Directeur-général de la fabrication des Aſſignats, après avoir réuni les Citoyens Gatteaux, graveur ; Pierre Didot, imprimeur, & Firmin Didot, fondeur en caracteres d'imprimerie, à l'effet de vérifier & conſtater les fignes caractériftiques d'un Affignat de cinq liv. de la création du 10 Juin 1790. Après avoir rapproché cet Affignat faux d'un vrai, Nous avons reconnu;

Que dans l'efpace fupérieur entre les vignettes, contenant la défignation de la création, dans le mot ASSIGNAT qui s'y rencontre, les deux SS du mot ASSIGNAT font extrêmement maigres.

Que dans le mot ASSIGNAT, la lettre I qui s'y rencontre, eft très-maigre & manque des empatemens néceffaires à fa perfection.

Que toujours dans le même mot la lettre A de la fyllabe NAT eft éloignée des lettres N & T au milieu defquelles elle eft placée.

Que toujours dans la même ligne, le petit figne défignant le mot LIVRES qui fe trouve après le chiffre 5, eft très-embrouillé.

Que dans le milléfime 1790, le chiffre 7 qui fe trouve entre les chiffres 1 & 9, eft très-court & par conféquent point aligné avec les autres.

Qu'en général dans cette ligne les lettres font maigres, & ne font point alignées entr'elles.

Que dans la feconde ligne contenant les mots DOMAINES NATIONAUX, la lettre I qui fe trouve dans le mot DOMAINES, eft plus longue & plus forte que les autres lettres, & fe ermine par un empâtement confidérable.

Que dans le mot NATIONAUX, la lettre A de la première fyllabe NAT, eft très-éloignée de l'N qui la precede.

Que toujours dans le même mot, la fyllabe AUX eſt iſolée de la lettre N qui la précede.

Qu'en général dans cette ligne toutes les lettres font ridiculement imprimées.

Que dans la ligne renfermant les mots ASSI-GNAT DE CINQ LIVRES, le plein ouvert de la lettre initiale A, eſt plus large que celui qui ſe trouve dans les vrais Aſſignats.

Que les mots LA LOI ET LE ROI renfermés dans cette lettre initiale, font d'un caractere plus fort que celui des vrais aſſignats.

Que dans le fecond A du mot ASSSIGNAT, la barre tranſverſale eſt preſqu'imperceptible, & qu'en général dans cette ligne les lettres font plus larges que celles des vrais aſſignats.

Que dans la ligne commençant par ces mots PAYABLE AU PORTEUR, toutes les lettres qui s'y trouvent font maigres & ne font point alignées entre elles.

Que dans le mot CAISSE, la feconde s de ce mot eſt plus élevée que les deux lettres au milieu deſquelles elle eſt placée.

Que dans le mot EXTRAORDINAIRE, la lettre o qui s'y rencontre s'éleve au-deſſus de toutes les autres.

Que toujours dans le même mot, l'N qui s'y trouve eſt très-petite.

Que les lettres qui terminent ce mot, font toutes éloignées les unes des autres.

Que le timbre fec repréſentant l'effigie du roi, eſt mal exécuté.

Que dans le timbre placé à gauche , les mots CINQ LIV. & le nom GATTEAUX font rendus imperceptibles par la maniere ridicule dont ils font gravés.

Que dans le timbre à droite , les deux petits écuffons renfermant trois fleurs-de-lys , & ces mots LA LOI ET LE ROI , font imperceptibles.

Que l'efpace inférieur entre les deux petits triangles, renfermant ces mots CINQ LIVRES , eft plus large d'une ligne dans les faux affignats qu'il ne l'eft dans les vrais.

Que la lettre S qui termine le mot LIVRES , eft très-maigre & s'éleve de beaucoup au deffus des autres.

Que dans les vignettes l.s fleurs-de-lys qui s'y trouvent , font beaucoup plus fortes que dans les vrais affignats , & qu'elles different entr'elles par leur forme.

Que mefuré dans fa hauteur , l'affignat faux eft plus court d'une bonne ligne que l'affignat vrai.

Que cet affignat faux eft imprimé fur papier commun.

Que les filigrannes qui exiftent dans le corps du papier des vrais affignats ne fe trouvent pas dans celui des faux affignats.

De tout quoi nous avons dreffé procès-verbal, pour être , par Nous Directeur-général de la fabrication des Affignats , adreffé à tous les Corps Adminiftratifs , Tribunaux , Juges de paix , & autres Officiers de Police de fûreté , conformément à la loi du 27 Février 1792. Et ont figné avec nous les dénommés ci-deffus , les jour & an que deffus.

Signé GATTEAUX , FIRMIN DIDOT, P. DIDOT *l'aîné*, & DE LA MARCHE.

RAPPORT

MESSIEURS,

NOUS avions été informés, il y a quelque tems, que des fauſſaires hardis avoient eſſayé de contrefaire des aſſignats. Quelques-uns de ces aſſignats ont été apperçus dans la circulation, mais en petit nombre ; l'imitation étoit groſſiere, les auteurs ont été dé-couverts & livrés à la juſtice.

Une nouvelle tentative vient de nous être dé-noncée ; elle a porté ſur les effets les plus précieux, ceux de la plus haute valeur, les aſſignats de deux mille livres. Pluſieurs de ces aſſignats contrefaits ſont dépofés au Comité des rapports ; il a été averti qu'il en exifle une plus grande quantité qui peut encore s'échapper dans la circulation.

Vos Comités réunis ont penfé qu'il étoit de leur devoir d'avertir du danger, & que, pour prévenir l'erreur dans laquelle peuvent tomber les perfonnes peu inftruites, il falloit publier une defcription exacte de ces affignats faux, d'après laquelle on puiffe aifément les reconnoître.

Les caracteres généraux des affignats nationaux font la beauté du papier, la vignette intérieure & la fomme écrite dans la pâte ; une belle difpofition dans l'impreffion, la grande pureté & perfection des caracteres d'imprimerie, l'efpacement régulier des lettres, l'exactitude du deffin des timbres & vignettes.

Le fauffaire n'atteint point à ce but difficile, & s'il a pu exécuter quelque partie, l'enfemble eft toujours défectueux.

Lors donc qu'un affignat eft préfenté, il faut examiner d'abord cet enfemble, & enfuite détailler chaque partie.

C'eft ainfi qu'on parvient facilement à connoître fon mérite.

Nous énumérons ici l'un après l'autre les caracteres de défectuofités & de différences qui paroiffent les plus fenfibles.

10. La dimenfion d'un affignat de 2,000 livres bon, eft de fept pouces une ligne de large, pied de roi, fur cinq pouces de hauteur.

Les faux connus n'ont que fix pouces onze lignes fur quatre pouces onze lignes.

2°. La totalité de l'impreſſion des faux eſt d'un afpeɕt défagréable, imparfaite, maculée, baveufe, d'une teinte fale ; les lettres font mal efpacées, les caraɕteres mal aſſortis.

3°. Le portrait du roi eſt mal deſſiné, n'a pas la même phyſionomie ; les plis du cordon d'ordre & de l'écharpe font différens , confus & très-irrégu-liers , & l'azur du fond de l'écuſſon eſt brouillé.

4°. A la ligne d'en haut, entre les vignettes, dans le mot *création*, l'*é* & l'*a* font liés. Le mil-laire 1790 paroît écrit à la main.

5°. A la ligne 3, au mot *rembourfement*, les cinq premieres lettres, & particuliérement l'*o*, font d'un caraɕtere beaucoup plus petit que les dernieres.

6°. A la ligne 4, l'*ſ*premiere du mot *Aſſemblée* eſt coupée.

7°. Ligne 5, au mot *Avril*, l'*i* & l'*l* fe tou-chent, & il manque un point après le mot *Roi*.

8°. Ligne 6, toutes les lettres de cette ligne font d'un caraɕtere groſſier , quoique d'une dimen-ſion plus petite que dans les bons.

Le premier jambage du *D* au mot *Deux* eſt plein, & dans les bons il eſt ouvragé.

Le premier jambage de l'*M* au mot *Mille* eſt déchiré dans les faux.

9°. Ligne 8, l'*f*, au mot *Conformément*, eſt remplacée par une *ſ*.

10₀. L'N indicative du N^o. eft retournée.

110. Les chiffres du N^o. font tracés d'une main tremblante & peu accoutumée à faire des chiffres ; ils font inégalement efpacés.

12°. Le paraphe de la fignature *Pittet* n'eft pas femblable à celui des bons.

13°. Le timbre *deux mille*, en toutes lettres, eft d'une proportion plus petite. Le nom du graveur *Gatteaux* y manque (1).

14₀. Ces affignats faux connus font de la férie C.

En examinant les caractères propres au papier, on reconnoît aifément qu'il n'eft pas femblable au papier national. Les vignettes & lettres ne font pas dans la texture, mais paroiffent exécutées par une forte preffion qui a rendu cette partie tranfparente. Il faut remarquer que dans les faux les lettres font d'un caractère plus pur , & le papier eft fouvent percé. L'*N* principale au mot *Nationale* , eft plus élevée que les autres lettres.

Le timbre fec eft peu apparent , les formes & deffins n'en font pas bien fenfibles; le papier porte à cette partie le caractère d'une forte compreffion , il en eft même bruni.

L'Affemblée a ordonné l'impreffion & l'envoi du Rapport.

----

(1) Le nom de *Gatteaux* eft quelquefois peu marqué dans les bons.

DÉCRET SUR LES ASSIGNATS.

L'Assemblée Nationale, ouï le rapport de ſes Comités des rapports, des finances & de l'extraordinaire, décrete :

Article premier.

Toute perſonne à qui l'on préſentera en paiement un aſſignat ſuſpeĉt de faux, notamment un des aſſignats de 2,000 liv. ſuſpeĉts, d'après les caraĉteres qui ont été rendus publics, ſera tenue d'aller auſſi-tôt en faire ſa déclaration, à Paris, au Comité de police de la ſeĉtion ; hors de Paris, à la Municipalité du lieu dans lequel on lui aura offert ledit aſſignat.

I I.

Le porteur de l'aſſignat ſuſpeĉt de faux, qui l'aura offert en paiement, ſera tenu d'accompagner la perſonne à qui il aura offert ledit aſſignat, de faire ſa déclaration de la perſonne de laquelle il a reçu l'aſſignat ſuſpeĉt, après l'avoir paraphé, pour qu'il ſoit envoyé à la caiſſe de l'extraordinaire, où il ſera vérifié. Il y reſtera en dépôt, s'il eſt reconnu faux. Si l'aſſignat eſt reconnu bon, il ſera remis au propriétaire.

I I I.

Lorſque des aſſignats ſuſpeĉts ſeront préſentés en paiement dans les caiſſes publiques, les tréſoriers ou caiſſiers les feront conduire ſur-le-champ, ſoit au

Comité de police de la section , soit à la Municipalité , ainsi qu'il est dit en l'article précédent ,
pour que leur déclaration y soit reçue , l'assignat
paraphé & dépofé.

I V.

Dans le cas où celui qui aura préfenté un affignat
fufpect de faux, refuferoit de fe rendre au Comité
de police de la fection , ou à la Municipalité , &
d'y repréfenter l'affignat qu'il avoit offert en paiement , le commiffaire de police , ou l'un des officiers municipaux , chargés de la police , feront au-
torifés à fe tranfporter au domicile du porteur de
l'affignat fufpect , à faire dans fes papiers telles per-
quifitions qu'ils croiront néceffaires , & à faifir , foit
les affignats fufpects qu'ils y trouveront , foit tous
autres papiers qui pourroient être relatifs à une fabrication d'affignats.

A MÉZIERES,
de l'Imprimerie Nationale du Département. 1792.